Dietrich Volkmer

Die Dichterin

Sappho

Ihre Heimat, ihr Leben, ihre Gedichte

Dietrich Volkmer

Die Dichterin

Sappho

Ihre Heimat, ihr Leben, ihre Gedichte

Die Deutsche Nationalbibliothek verzeichnet diese
Publikation in der Deutschen Nationalbibliografie;
Deteaillierte bibligrafische Daten sind im Internet über
http://dnb.ddb.de
abrufbar

Text, Layout und Umschlaggestaltung
Dr. Dietrich Volkmer
www.literatur.drvolkmer.de

Internet-Seiten
www.drvolkmer.de
www.literatur.drvolkmer.de
www.privat.drvolkmer.de

Herstellung und Verlag
BoD Books on Demand
Norderstedt
Printed in Germany,

ISBN 9783753424668

Inhaltsverzeichnis

Das Wort vor dem Vorwort

Mit dem Besuch dieser Insel, der Insel der Sappho, fing eigentlich alles an, nämlich die Vorliebe für Griechenland und seine Kultur. Deswegen möchte ich es an den Anfang stellen.

Wir hatten bei Studiosus eine Reise gebucht zu den ägäischen Inseln Lesbos und Chios.

Unser deutscher Reiseleiter, die Griechen nannten ihn wegen seiner Haarpracht, die an den Jünger Petrus erinnerte, auf griechisch Petros.

Er sprach griechisch und kannte sich in der griechischen Geschichte und der Mythologie gut aus.

Ich traf ihn später noch einmal auf den Inseln Siphnos und auf Kreta.

Manche Inseln zogen mich magisch an, so wie später die Insel Ithaka – ich wollte doch einfach sehen und erleben, wo Odysseus zu Hause war.

Ein paar Jahre später drängte es mich zur Osterinsel, die mit ihrer Einsamkeit und ihren Figuren ein geheimnisvolles Flair verströmte.

Zurück zum Thema Griechenland: Die Reise gefiel mir gut, so dass ich auf der Volkshochschule einen zweijährigen Griechisch-Kurs buchte und die Insel Lesbos noch dreimal besuchte um sie gründlich zu erkunden.

Wer diese Insel besucht, kommt an einer der berühmtesten früheren Bewohnerinnen, der Dichterin Sappho nicht vorbei, die hier um das Jahr 600 v. Chr. lebte.

Ihre erhalten gebliebenen feinsinnigen und zarten Gedichte faszinierten mich so, dass ich mir alles besorgte, was ich über die Dichterin in Erfahrung bringen konnte. Allzu viel war es leider nicht, denn die frühen Christen erwiesen sich als sehr prüde Gesellen und konnten sich mit ihrer Art zu schreiben und zu fühlen offenbar nicht anfreunden. So fiel so manches ihrem strengen moralischen Regiment zum Opfer.

Zum Glück entging ihren Recherchen so einiges, das uns heute noch Freude bereiten kann.

Leider ist die Insel seit einiger Zeit in Verruf gekommen. Die Bewohner der Insel sind über die Massen der Asylanten, die von der Türkei über die geringe Meeresdistanz kommen, wenig erbaut.

Das schadet der Insel, denn es bedeutet Unruhe, Kriminalität, Unmengen von Abfall und das schlimmste ist: Die Touristen, die die Haupteinnahmequelle der Inselbewohner neben dem Olivenöl darstellen, bleiben aus.

Daher ist es zugleich ein Anliegen dieser aktualisierten und erweiterten Auflage, die Menschen zu bitten, wenn sie wieder reisen können, das Augenmerk erneut auf diese Insel zu richten, damit sie nicht gänzlich und unverschuldet aus dem Gedächtnis der Mitteleuropäer entgleitet.

Die erste Version dieses Buches, die schon seit langen nicht mehr lieferbar ist, ist vor einer Reihe von Jahren nach einigen Reisen und in einer Zeit geschrieben worden als die Insel noch ein lohnenswertes Ziel darstellte.

Bad Soden, im Februar 2021

Vorwort

Dieses Buch erheischt nicht den Anspruch, ein Reiseführer zu sein, aber es kann ein Reisebegleiter für den werden, der neben den geographischen, geschichtlichen und künstlerischen Hinweisen des normalen Baedekers den Blick auf Mythos, Sagenwelt, Poesie und griechische Göttergestalten richten möchte.

Bei Reisezielen ist es wie bei menschlichen Kontakten: Es gibt Stätten, die man am liebsten mit dem nächsten Bus oder Flugzeug wieder verlassen möchte. Im anderen Fall springt so etwas wie ein Funke über, ein Zündfunke der Sympathie. Ein Wohlbefinden, das man verstandesmäßig zwar zu artikulieren versucht, das aber anderen Bereichen der menschlichen Seele entstammt.

Lesbos ist einer dieser Orte, an dem man sich wohlfühlt und die im Besucher, der sich seinen Schönheiten und Reizen nicht nur oberflächlich öffnet, den innigen Wunsch wach werden lässt, möglichst bald wiederzukommen.

Dieses Buch ist einfach ein Bekenntnis zu einer liebenswerten Insel.

Möge es dem, der diesen Bereich der Ägäis bereits erfahren hat, noch einige Hinweise und Tipps geben und dem touristischen Novizen, der das erstemal seine Schritte auf diese Perle der Ostägäis setzt, möge es die Sinne für all das Einzigartige, Unverwechselbare und Anziehende öffnen, das Lesbos in so reichem Maß zu bieten hat.

Hermes ready for Lesbos

Wolkenfetzen ziehen vorbei, durch die immer wieder die Sonne dringt. Ab und zu gewähren Lücken einen Blick auf das Meer und die Insel.

Die Maschine aus Athen, eine Boeing 737 der Olympic Airways, getauft auf den Namen des geflügelten Götterboten Hermes, befindet sich im Anflug auf Lesbos.

Welch ein beruhigendes Gefühl, in ein Flugzeug zu steigen, dessen Bug rechts und links die Schriftzeichen des hurtigen und listigen Olympiers trägt. Er, der Schutzpatron aller Kaufleute, Handelswege und heute auch der röhrenden Donnervögel samt Kabineninhalt, wird uns sicher ans Ziel geleiten.

Seine Flügelhelme und seine geflügelten Schuhe tragen noch immer, wartungsfrei über die Jahrtausende, die Botschaften der Götter zu ihresgleichen und zu ihren Geschöpfen, den Menschen.

Noch nie, weder in der Mythologie noch in den Zeiten des modernen Flugschreibers ist jemals etwas über einen Absturz des Hermes verlautbart worden.

So beschützt er noch immer diejenigen, die miteinander etwas auszutauschen haben, zum Leidwesen der Menschen auch diejenigen, die sich der einfachsten Form des Erwerbs anderer Güter bedienen, bei uns im Volksmund einfach Diebe genannt.

Der Kaufmann und der Taschendieb, zwei so gegensätzliche „Berufe", sie sind doch nichts weiter als zwei Facetten einer Spezies von Mensch, die es auf das Geld in unseren Taschen abgesehen haben.

Die Maschine sinkt langsam tiefer. Der Besucher, der sich das erstemal der Insel nähert, ist erstaunt über das viele Grün, erwartet er doch in diesen südlichen Gefilden kahle, nackte Felsen, auf denen die winterlichen Regenfälle den letzten Rest des vormals so fruchtbaren Mutterbodens weggespült haben, den die Menschen schutzlos durch ungehemmte Abholzung den Naturgewalten preisgegeben haben. Sattes Grün erfreut das Herz des Ankommenden an diesem Spätnachmittag im Mai.

Unser Flugkapitän, einer der modernen Nachfahren des antiken Daidalos, hat die Flugroute von Norden gewählt und umgeht damit die höchste Erhebung im Süden der Insel, den Olymp, auf neugriechisch heute leicht verändert Olimbos genannt.

Auf unbekannte Art und Weise scheint im Inneren der Zöglinge des Daidalos noch immer das Schicksal des Ikaros seine Spuren hinterlassen zu haben, der dem Helios zu nahe kam und in der Nähe von Samos, etwas südlich von Lesbos ins Meer stürzte. Die Insel Ikaria wird für immer die Sage vom ersten Versuch der Menschheit, sich in die Lüfte zu erheben, mit ihrem Namen in die Zukunft tragen.

Der profane Homo technicus, in dem nur ansatzweise die Seele des alten Helenentums durchschimmert, hat den Respekt vor den Göttern verloren und sie aus ihren heiligen Stätten verdrängt. Das Sakrale wurde Schritt für Schritt säkularisiert.

Der ostägäische Olimbos beherbergt nunmehr Richtfunkantennen, Radarstationen und Einrichtungen der griechischen Armee.

Hier zeigt sich, wie ein Zerrbild die Einstellung unserer Zeit, die Ratio, deren Entwicklung dem Menschen die ersten Reifenspuren auf dem Mond, Bilder vom Neptun und das Mobiltelefon präsentierte. Sie, die Ratio, hat sich daran gemacht, den Mythos ins Exil zu befördern.

Obwohl ihr, der nüchternen Gedankenkühle, höchstens nur die Hälfte der Welt zustünde, maßt sie sich an, diese Erde mit dem Geflecht ihrer „Segnungen" zu überziehen, um irgendwann dem Menschen sein arkadisches oder goldenes Zeitalter zu bieten.

Inzwischen spricht es sich aber bis in die entlegensten Winkel der Erde herum: So ungezügelt und ungehemmt kann es nicht weitergehen. Gibt der Mensch nicht acht, droht ihm die Gefahr, vom Fortschritt der Technik verschlungen zu werden, so wie es dereinst in urgrauer Vorzeit Kronos mit seinen Kindern tat.

Die alten Götter sind nicht tot.

Ihre Zeit wird wiederkommen, Dann werden die Stahlgerippe auf den heiligen Bergen hinweggeweht werden und die Tempel der Olympier wieder in der strahlenden Bläue der Ägäis schimmern.

Die wachsamen Augen der Soldaten sind noch immer, trotz gemeinsamer Zugehörigkeit zum Atlantischen Verteidigungsbündnis, zum alten osmanischen Erzrivalen im Osten gerichtet, der nunmehr im einst griechischen Kleinasien, nur wenige Kilometer Wasserlinie entfernt, residiert.

So scheint denn der heilige Berg von allen guten Göttern verlassen, bis auf einen: Ares, den ungestümen, kriegerischen, ungeliebten Sohn von Zeus und Hera. Übrigens eines der wenigen gemeinsamen Kinder des olympischen Herrscherpaars. Zeus scheint auf seiner nimmermüden Ausschau nach den Schönen der Antike vom Strand Phöniziens bis zu den Inseln der Ägäis nur wenig Zeit für eine Tätigkeit gefunden zu haben, die man heute landläufig-burschikos als eheliche Pflichten bezeichnet.

Möge Ares seine zündenden Pfeile noch lange im Köcher halten, um nach Jahrhunderten einer bewegten und kriegerischen Vergangenheit eine Zeit der Ruhe und des Friedens in diesem Teil des griechischen Meers einkehren zu lassen.

Daidalos ist gelandet.

Der kleine Flughafen von Mytilini, des Hauptortes von Lesbos, hat nichts gemein mit der Sterilität der meisten Flughäfen dieser Welt.

Er hat mehr die urwüchsige Spätnachmittagsatmosphäre einer Platia, des zentralen Platzes griechischer Dörfer und Kleinstädte, um den sich die Kafenions, die traditionellen Zufluchtsstätten hellenischer Ehemänner scharen.

Ebenso abgewetzt wie die Bestuhlung unseres fliegenden Gefährts ist auch das Kofferförderband, nur ungefähr fünf Meter lang.

Das inzwischen neu erbaute Flughafengebäude hat nicht mehr diesen Charme.

Aber die Fremde ist nicht dazu da, Heimatliches in Form von Ordnung und Kultur wiederzufinden, sondern das Andersartige schätzen zu lernen.

Bärtige und braungebrannte Inselbewohner holen ihre Verwandten ab. Touristen werden begrüßt. Angestellte schreiten mit dem Statussymbol aller Wichtigen und Wichtig-Scheinen-Wollenden, dem kleinen Diplomatenköfferchen, durch die Wartenden.

Die Insel der Dichterin Sappho und des Philosophen Theophrast lädt ein, Mythos, antike Poesie und Vergangenheit mit dem Licht der Gegenwart zu verknüpfen.

Lesbos - Mythos und Geschichte

Wie sämtliche Städte und Inseln im kleinasiatischen Küstenbereich hat auch Lesbos eine Geschichte voller Höhen und Tiefen, voller Farbenprächtigkeit, voller Eroberungen, Rückeroberungen und Eroberungen nach den Rückeroberungen.

Wie mit einem Brennglas hat sich die Historie auf diesen ägäischen Raum einfocussiert. Der Sage nach herrschte dereinst Makare, ein Sohn der Sonne, über die Insel. Seine fünf Töchter Mythimna, Mytilene, Issa, Antissa und Arosvi waren Namenspatinnen für die größten Städte der Insel. Mythimna, die älteste Tochter, ging die Ehe mit einem Königssohn aus Thessalien ein, dessen Namen die Insel noch heute trägt: Lesbos. Später scheint Lesbos eine Art Satrapeninsel von Troja gewesen zu sein. In geschichtlicher Zeit ist Pittakos als Tyrann und Herrscher in Mytilene bekannt. Das Wort Tyrann hatte damals noch nicht diesen despotisch-ungerechten Beigeschmack, sondern stand mehr für Alleinherrscher, der durchaus gerecht oder kunstfördernd sein konnte. Pittakos, dessen Stammbaum nicht ganz so nobel war, wie es der Spötterdichter Alkaios gern gehabt hätte, wurde im Laufe seiner Regierungszeit zu einem fähigen Staatsmann und wurde zu den sieben Weisen der griechischen Antike gezählt.

Während seiner Aegide lebte die Dichterin Sappho auf Lesbos. Es folgte eine wechselvolle Geschichte. Man schlägt sich auf die Seite verschiedener Mächte, mal sind es die Perser, mal die Athener, mal die Spartaner. Im Jahre 427 v. Chr. sind die Athener den Bündniswankelmut leid und erobern Mytilene. Die Festungsanlagen werden geschleift, Tausende von Bürgern werden nach Athen deportiert und viele werden dort hingerichtet. Im Jahr 334 v. Chr. setzt man auf Alexander den Großen, nach seinem frühen Tod in Babylon fällt die Insel den Ptolemäern zu.

Rund 150 Jahre später gewinnt Rom politischen Einfluß in der Ostägäis. Als man später mit König Mithridates von Pontos sympathisiert, erobern die Römer erneut die Insel. Unter den römischen Truppen befindet sich ein Offizier, dem noch eine große Karriere bevorstand: Julius Cäsar.

Wie überall in ihren okkupierten Territorien errichten die Römer eine geordnete Infrastruktur. Der alte Aquädukt in der Nähe von Mytilene hat fast zwei Jahrtausende überstanden. Nach den Römern folgten die Byzantiner, und fast zeitgleich das Christentum. Araber gaben ein kurzes Intermezzo, wurden aber von den Byzantinern wieder vertrieben. Kreuzritter fielen ein, wie die meisten ihrer „Kollegen" benahmen sie sich ganz und gar nicht christlich.

Im Osten drängten die Seldschuken und später die Osmnen heran. Zuvor verschaffte die genuesische Familie der Gattelusi der Insel eine Phase wirtschaftlicher und kultureller Prosperität. Die Olivenbäume wurden angepflanzt. Doch im Jahr 1462, neun Jahre nachdem Sultan Mehmet II Konstantinopel zuvor zu Fall brachte, eroberten die Osmanen auch Lesbos.

Es begann eine Zeit des kulturellen Niedergangs. Das griechische Erbe wurde gezielt unterdrückt. Die Insel war zum Nahrungsmittelproduzenten Istanbuls herabgesunken. In den Klöstern bewahrte man allerdings die griechische Kultur und das christliche Gedankengut. Das ist der Grund, warum die Griechen noch heute so treu zu ihrer Kirche stehen.

Überall in Griechenland gärte es offen und verstohlen gegen die sogenannte Tourkokratia, die die Kunst, Kultur und das nationale Bewußtsein der Griechen teilweise brutal abwürgte. Im Jahr 1912 gelingt die Befreiung von den Türken. Aber die wechselvolle Geschichte sollte noch immer kein Ende finden. Nach der vernichtenden Niederlage der Griechen gegen Atatürk im Jahre 1922 (man wollte das kleinasiatische Griechenland zurückerobern) begann der große Exodus der kleinasiatischen Griechen ins Mutterland. Auch Lesbos mußte fünfzigtausend von ihnen aufnehmen. Im zweiten Weltkrieg kamen für etwas mehr als drei Jahre die Deutschen als Besatzer, eine schwierige Zeit für die Inselbewohner. Nach einer Zeit des wirtschaftlichen Niedergangs, in der viele junge Leute die Insel verließen, scheint sich jetzt mit der Zunahme des Tourismus und der Zugehörigkeit zur Europäischen Union die Lage zu verbessern.

Soweit zum Mythos und zur Historie der Insel.

Eine Frage bleibt damit aber noch ungeklärt: Wie kommt Lesbos überhaupt zu so einer Vielfalt von Dichtern, Lyrikern und Sängern, worüber später noch ausführlich zu berichten sein wird? Rational findet man keine Antwort darauf. Wie immer, wenn der klare Verstand wie ein überladenes Gefährt im Treibsand stecken bleibt, springt die Phantasie des Menschen ein und verbrämt Unerklärliches mit einer Sage und fliegt lächelnd über das gestrandete Ratio-Mobil hinweg.

So berichtet die Fama, wie das Haupt des berühmten Sängers Orpheus im Westen Lesbos bei Antissa an Land gespült worden war. In Thrakien hatten die Mänaden, wütende Frauen, den Sohn der Muse Kalliope in Stücke gerissen, da er ihnen nach dem Tode von Eurydike nicht die gebührende Achtung entgegenbrachte. Seinen zerstückelten Leichnam warfen sie in den Fluß Evros. Die Wogen der Ägäis trugen das Haupt des Sängers und seine Lyra an die Küsten von Lesbos. Sand bedeckte das Haupt des Sängers, aber die Lyra blieb aufrecht stehen und der Wind spielte mit ihren Saiten.

Die Einwohner von Antissa, das damals noch am Meer lag, bestatteten den Kopf des Sängers an einem Ort, der den Namen Orphikia erhielt.

Auf diese geheimnisvolle Weise kam also die Kunst der Dichtung und des Gesanges über das Meer nach Lesbos. Und die Einwohner und auch manche Dichter erzählen von den vielen Nachtigallen, die nirgendwo auf der Welt schöner singen als auf Lesbos.

Kalloni - im Herzen der Insel

Sinnigerweise wäre diejenige Stadt das Ziel einer einführenden Betrachtung, die der Besucher als erstes betritt. Die prosaische Ankunft mit dem Flugzeug als auch das sanfte Annähern mit dem Schiff führt immer über die Hauptstadt der Insel – Mytilini. Leider hat die Moderne wie überall auf der Welt bei größeren Städten auch diesen Ort mit Hektik und Lärm erfüllt.

Die engen Gässchen der Altstadt, in denen man noch hier und da auf kleine Kirchen der griechischen Orthodoxie stößt, haben sich noch etwas von diesem liebenswerten Flair bewahrt, das der Besucher im Grunde sucht.

Ein Bummel am Hafen entlang sollte zum Programm gehören wie der Aufstieg auf das alte Kastell mit seinem wundervollen Blick auf die Stadt auf der einen und auf das Meer bis zur türkischen Küste auf der anderen Seite.

Unser Streben gilt jedoch mehr dem Inneren der Insel und den kleinen Orten entlang der Küste, so dass wir die Hauptstadt schnell gen Westen verlassen.

Lesbos bietet zwei geographische Besonderheiten. Der Golf von Geras und der größere Golf von Kalloni ziehen sich tief ins Innere der Insel, vom Süden ungefähr nach Norden vorstoßend. Fast könnte man beide für ausgedehnte Binnenseen halten, denn der Zugang zum Meer ist nicht sehr ausgeprägt. Beide Einbuchtungen sind durch das Massiv des Olymp einschließlich seines Umlandes getrennt. Kalloni ist ein kleiner Ort im Norden des gleichnamigen Golfes. In den Straßen herrscht teilweise reger Verkehr. Obst- und Gemüsegeschäfte, einige kleine Läden, eine Metzgerei säumen die Kopfsteinpflaster-Hauptstraße.

Und natürlich die für eine griechische Kleinstadt nicht wegzudenkenden Kafenions (griechisch grammatikalisch richtig wäre der Plural Kafenia, aber aus Bequemlichkeit bleiben wir für den Rest dieses Buches bei dem falschen Plural). Die früher fast unbequemen geraden Holzstühle mit den kleinen Tischchen weichen - leider - immer mehr farbigen Plastikmodellen der Neuzeit, die auch von diesen Traditionsinstitutionen ihren unerbittlichen Tribut fordert. Aber eines ist geblieben: Die Kafenions sind nach wie vor eine männliche Trutzburg in einer zweigeschlechtlichen Welt. Hier genießen sie, die maskulinen Nachfahren der Hellenen, die Ruhe der Welt oder den Lärm der Straße, verschont von dem Geschrei der Kinder oder Enkelkinder, ungestört von dem Spritzwasser putzsüchtiger Ehefrauen oder deren lästigen Staubsaugerkakophonien.

Die kleinen und die großen politischen Entscheidungen werden untereinander ausgemacht. An diesem Ort fühlen die männlichen Griechen sich noch als die Herren des Hauses, niemand kann und will ihnen die mehr oder wenigen großen Aufschneidereien widerlegen. Spätestens beim Betreten des eigenen Hauses kehrt der Hausherr jedoch schnell wieder in die Welt der Normalität zurück.

Stand- oder besser Sitz-Bilder der Zeit - so sitzen sie bei ihrem Kafes ellinikos, diesem herrlichen Getränk überliefert aus den Zeiten der türkischen Besatzung, gegen das alle deutschen Kaffee-Sorten, und seien sie noch so gekrönt und auserlesen, wie Abarten von Spülwasser schmecken. Man trinkt ihn glykos (stark und süß), metrios (stark und wenig gezuckert) oder sketos (stark und ungezuckert).

Dem Touristen sei empfohlen, sich diese Wörter einzuprägen. Die Kafenions-Besitzer, Nachfahren des olympischen Mundschenks Ganymed, werden sogleich um eine Spur freundlicher, wenn sie die Bemühungen des Xenos, des Fremden und Gastes, um ihre griechische Sprache spüren. Ein Glas Wasser gibts kostenlos dazu - quasi als Alibi für ein langes Sitzenbleibendürfen, wenn der Kaffee getrunken ist. Aber die Qualität eines Gastes wird nicht an seinem Verzehr bemessen, vielmehr an dem, was er zu erzählen weiß.

Frauen sind kaum zu sehen. Sie sind nur geduldet, wenn es denn gar nicht anders geht. Der griechische Adam wird bei einer Touristin allenfalls ein Auge zudrücken oder riskieren, falls sie attraktiv ist. Den hektischen Emanzipationsbestrebungen mitteleuropäischer Frauen, die sich zum Teil in ellenlangen und vielsilbigen Doppelnamen oder gar Dreifachnamen widerspiegeln, kann er nur ein müdes Lächeln abgewinnen.

Mehr gibt es über die Stadt nicht zu sagen - sie erweist sich als weitgehend profil- und gesichtslos.

Skala Kallonis, der kleine Hafen der gleichnamigen Stadt ist schon etwas farbiger und bietet dem Auge die erhoffte Fischerhafen-Kulisse. Skala bedeutet soviel wie Anlegestelle. Der Gedanke an Treppe oder Leiter, der sich spontan anbietet, liegt gar nicht so fern. Denn auf Leitern oder ähnlichem verlassen die Fischer noch immer ihre Boote, wenn sie des Morgens vom Fang heimkehren.

Ein paar Hotels, eine Uferpromenade, einige Tavernen und Souvenirshops sowie die wenigen Wohnhäuser - das ist schon alles. Dem Liebhaber von Fischgerichten sei die Fischtaverne Medusa empfohlen. Der Wirt Manolis, der sein beginnendes Wohlstandsbäuchlein hinter lässigen T-Shirts verbirgt, bedient mit wahrhaft gekonnter Mischung aus Stolz und Zuvorkommenheit. Seine holländische Lebensgefährtin ist ihm eine freundliche Helferin. Ab und zu wirft er einen bewundernden Blick hinaus aufs Meer, wenn der Lehrer der naheliegenden Surfschule bei auflandigem Wind über die Wellen brettert und sogar hin und wieder zum Sprung in die Luft ansetzt. Seine Mutter bereitet den Choriatiki zu, den griechischen Salat, wohlschmeckender als woander und die gebratenen Sardinen sind eine Delikatesse. Dazu ein kleinese Fläschchen griechischen Wein und etwas griechische Musik - das ganze ergibt jene herrlich unbeschreibliche Mischung, die wir Urlaubsstimmung nennen.

Bei einem späteren Besuch führt mich Manolis voll Stolz zu seiner kleinen Tochter im Kinderwagen, die sich hier schon an die Atmosphäre einer Taverne gewöhnt.

Der Sandstrand ist dunkel, unter einigen Bäumen blüht Kamille. Ein großer Süßwassertümpel, bewachsen mit Gras und Schilf, liegt nur wenige Meter landeinwärts.

Das Wasser wimmelt von Kaulquappen. Auf den Wegen und Straßen ringsum sind an diesen Mai-Tagen Tausende von kleinen Fröschen zu sehen, die offenbar ziel- und richtungslos ihre Geburtsstätte verlassen haben. Ein wahrer Gourmet-Tempel für Störche.

Der Mensch in seinem ungehemmten Wegwerfdrang hat es vermocht, die Idylle dieses kleinen Gewässers zu verschandeln. So ziert ein Autowrack den Rand des Tümpels. Bei einer späteren Reise ist die Fahrzeugruine verschwunden. Die Inselbewohner sind erst dabei, das Thema Umwelt als Lebensgrundlage zu entdecken. Noch zählt die Entsorgung der kurzen Wege. Eine Erscheinung, die im gesamten Mittelmeerraum noch sehr verbreitet ist. Besonders die Plastikflaschen sind eine wahre Last, liegen sie doch überall, an den Pyramiden, am Eingang zum Grab des Tutenchamun, an der Akropolis, in Ephesus, kurzum, sie sind allgegenwärtig, wo Hitze und Durst den Touristen plagen.

Aphrodite – die geheimnisvollste Göttin

Hinter dem prosaischen Empfangstresen des Hotels steht Aphrodite. Sie lächelt das tiefgründige, geheimnisvolle Lächeln der ewig jungen, Jahrtausende alten Göttin der Griechen. Der Mythos der Hellenen ist voller Rätsel, Widersprüche und Vielfältigkeiten. Der von ausschließender naturwissenschaftlicher Ratio geprägte Mensch der Neuzeit möge an diesem Verwirrspiel nicht verzweifeln. Mythen, Sagen und Märchen haben nichts gemein mit einer mathematischen oder physikalischen Abhandlung oder der Abstammungslehre von Darwin.

Mythen, Märchen und Sagen sind der farbenprächtige Versuch, Wahrheiten jenseits der vordergründigen Welt der Formen in Worte, Gedichte, Hymnen und Lieder zu kleiden, um sie den Menschen ein wenig klarer werden zu lassen. Sie stellen zugleich die Hilflosigkeit der Menschen dar, in der Meditation oder im Moment lichter Klarheit eingegebene Botschaften aus der Sphäre des Wirkenden, die alles Lebendige durchdringt, wie mit einem Zipfel zu erhaschen.

Aphrodites Herkunft ist die geheimnisvollste und zugleich unerklärlichste aller olympischen Götter.

Die Dichterin Sappho, um die es schließlich in diesem Buch hat, verehrt diese Göttin wie keine andere, ja, sie ist ihr nicht zu übersehendes „Vorbild".

Aphrodite ist keine Tochter des Zeus, wie viele glauben, obwohl er mit vielen Schönheiten der Antike so manche Liebesnacht verbracht hat, die oft nicht ohne Folgen blieben. Eine Schwester des Göttervaters ist sie auch nicht. Wo und wie aber gelangte sie in die Reihen der Olympier?

Ihre Zeugung und Geburt geht weit zurück in jene vom Dunkel umschauerten Zeiten, als selbst das Geschlecht der Titanen noch nicht an der Macht war. Uranos, der Himmel, und Gaia, die Erde, hatten eine Reihe von Kindern gezeugt. Neben den später so benannten Titanen wie Okeanos, Japetos, Kronos, Rhea usw. auch eine Reihe von Ungeheuern. Dem Uranos sind diese Monstren, obwohl es seine Kinder sind, unwillkommen und er verbannt (verdrängt) sie unter die Erde, wo sie die Mutter jedoch tobend und wühlend auf ihre Anwesenheit hinweisen. Des Nachts kommt Uranos zur Erde, um sich mit ihr zu vereinigen. Gaia hat jedoch eines

Tages genug von diesen Liebesbezeugungen und bittet ihre Söhne um Hilfe gegen den bedrängenden Vater. Ängstlich verdrücken sich die männlichen Nachfolger, nur Kronos, der jüngste und mutigste, verspricht der Mutter seine Hilfe. Als Uranos in der Nacht wieder die Erde bedecken will, springt Kronos hinzu. Mit einer Steinsichel, von der Mutter zur Verfügung gestellt, trennt er dem Vater seine männlichsten Teile ab. Entmannung und Entmachtung zugleich. Einige Blutstropfen fallen dabei auf die Erde, daraus entstehen die Erinnyen, die Göttinnen der Rache. Das abgetrennte Glied wirft Kronos hinter sich hinab auf die Erde.

Bei Kythera, am Südostzipfel des Peloponnes fällt es ins Wasser. Das Meer schäumt auf. Ein neues Wesen entsteht an dieser Stelle, Aphrodite, die Schaumgeborene. In den warmen Strömungen der Ägäis reift sie heran zur voll erblühten Schönheit und betritt am Strande von Paphos auf Zypern die Welt der Griechen. In Sapphos Versen erscheint sie daher oft als Kypris, die von Zypern stammende. Dort, wo ihre schlanken Füße den Boden betreten, sprießt Gras hervor und erblühten wahrscheinlich die Blumen. Scheu und schüchtern blickt sie umher auf die ungewohnte Umgebung. Sogleich sind die Horen zur Stelle, die sie mit Blüten schmücken und bekleiden.

Enttäuscht fragt sich der heutige Reisende nach dem Grund, ausgerechnet hier an Land zu gehen. Die Tourismus-Industrie hat diesen Ort durch eine vielbefahrene Straße, einen Parkplatz mit Kiosk und eine Fußgängerunterführung dermaßen verschandelt, daß sich Aphrodite bei einem erneuten „Landemanöver" wohl eiligst zurück in die Fluten begeben würde.

Der ganze (männliche) Olymp ist angetreten, um die zukünftige Göttin der Liebe zu empfangen. Es ranken sich eine Unzahl von Histörchen, teilweise frivoler Natur, um die amourösen Abenteuer der Schaumgeborenen. Sie könnten ein ganzes Buch füllen, wenn man ihnen noch eine psychologische Deutungsuntermalung zukommen lassen würde.

Viel geheimnisvoller, rätselhafter, ja dunkel-mystischer ist das Wesen und die Herkunft der Aphrodite. Der zaghafte Versuch, in die Hintergründe ihrer Entstehung ein wenig Licht hineinzubringen, ist lohnenswert. Doch so einfach will das nicht gelingen, denn es gibt vielfältige Entstehungsgeschichten, die im Laufe der Zeit ausgeweitet, verbrämt, zeitlich angepaßt und ausgeschmückt wurden. Daher soll Hesiods Theogonie der

Rahmen sein, denn er, Hesiod, besass den ungeheuren Mut und die Kühnheit, als Mensch die Geschichte der Götter zu schreiben.

In jener dunkel archaischen Welt, in der die Söhne der Gaia und des Uranos, die späteren Titanen, noch willens- und handlungslos dem Geschehen beiwohnten, beginnt es zu gären. Auch von den Göttern fordert die Evolution ihren Tribut. Da die Griechen-Götter nichts weiter sind als menschliche Erhöhungsprojektionen, sind Uranos und Gaia Symbolgestalten einer triebhaft-instinktgeprägten Menschheitsepoche. Doch langsam beginnt der klare Geist zart seine Fühler über die Welt auszustrecken. Was lag näher als den Inbegriff, das Symbol, die Metapher des animalisch-drängenden aus der Welt zu schaffen .

So ist es stimmigerweise der jüngste der sechs Titanensöhne, der zum (stimulierenden) Motor der Umwälzung wird, denn er ist es ja, der zeitlich am weitesten in das Neue hineinragt und somit am ehesten in der Lage ist, die Strömungen des Neuen zu erkennen. Die Genitalien des Uranos, Ausdruck ungehemmter, an die Tierseele des Menschen erinnernde Schöpfungs- und Zeugungspotenz, müssen geopfert werden.

Das Alte wird entmachtet.

Zum Glück landet die abgeschlagene Männlichkeit des Urgottes nicht etwa auf hartem Gestein, auf dem sie zerschellen würde, oder im trockenen Sand, auf dem sie verdörren würde. Nein, das sommerlich warme Meer der Ägäis nimmt sie auf. Das Wasser, mit seiner aufnehmenden, umfließenden, alles katalysierenden Kraft empfängt - symbolisch - den schöpferischen Urimpuls und transmutiert das einstmals Gewesene zu etwas Neuem, nie Dagewesenen. Bei Kythera (welch ein klangvoller weiblicher Name!) schäumt das türkis-blaue Meer nachgerade auf, so eindrucksvoll-gewaltig aber auch zartfühlig-sanft ist das neu Entstehende. Der archaisch-dunkle Paarungstrieb erhält ein vermenschlichtes, wunderschönes Antlitz. Die dereinst ausschließlich instinktiv vollzogene Vereinigung, allein von den Arterhaltungsgesetzen der Evolution geprägt, wandelt sich langsam zu der menschlich erhöhten Dimension der Liebe, die sich nunmehr in einer zärtlich verbindenden Zu-neigung der Partner spiegeln kann. Das Wesen Eros, das nach der Genealogie der Götter seit dem Anfang der Zeit bestand und die Partner Uranos und Gaia zueinanderführte, erlebt eine Metamorphose. Aus dieser alten Urerscheinung, die sich im mythologischen Dunkel verliert, wird ein Begleiter der neuen Göttin.

Aus dem Gestaltlosen wird mit der Zeit der kleine geflügelte, pausbäckige Eros als verlängerter Arm der Aphrodite. Tückischerweise hat er aber bis in die heutige Zeit als kleiner Gedankenschimmer an den Uranfang das unberechenbar-archaische, von keiner klaren Vernunft getragene Prinzip aufrecht erhalten: Mit Pfeil und Bogen ist er noch immer unterwegs und trifft manchmal blitzartig einen Menschen (was oft tragisch endet oder Stoff für Lieder und Dramen gibt) oder auch zwei mit einem Pfeil (was ganz unprosaisch in einer Ehe enden kann oder aber, falls unüberwindbare Hemmnisse dazwischenliegen, ebenfalls zum Drama werden kann).

Aphrodite und Pan
Man beachte die Sandale in der rechten Hand zur Abwehr des aufdringlichen Pan

Nun mag der ausschließlich vom Verstand geprägte Mensch, als getreues Kind unserer so rationalen Zeit, den Einwand erheben: Wie reimt sich denn da so alles zusammen? Bei der Zeugung (so wollen wir das Geschehen in Ermangelung eines anderen Wortes einmal nennen) der Aphrodite löst Kronos seinen Vater als Weltenherrscher ab und es beginnt nach griechischem Mythos das Goldene Zeitalter.

Kaum ist sie aber geboren und macht ihre ersten gymnastischen Übungen am Strand von Paphos, sind bereits die Olympier an der Macht. Ist das für eine Göttergeneration nicht eine unziemlich kurze Ära?

Diese von mir konstruierte aber naheliegende Frage ist in der Tat mit rationalen Argumenten nicht von ihrem widersprüchlichen Beiwerk zu befreien.

Man gerät allzu leicht in die Verlegenheit, an diesem Zeitparadoxon die gesamte Geschichte als unglaubwürdig abzutun.

Aber nur gemach!

Der Mythos kennt jene von uns heutigen Menschen so geschätzte, aber auch gefürchtete Zeit nicht, die sich am Ziffernblatt der Armbanduhr oder digital-langweilig an Zahlenreihen ablesen läßt.

Der Mythos steht über der Zeit!

Der Mythos steht jenseits des konsekutiv-logischen Aufeinanderfolgens. Er bedarf der Auffächerung in die Zeit nur bedingt, um transzendente Muster und Wahrheiten dem Menschen bildhaft nahe zubringen. Gehen wir jedoch nach unserem bewährten und für die Überführung ins Diesseits recht brauchbarem Schema vor, zwischen verschiedenen Ereignissen zeit-liche Querverbindungen herzustellen, müssen wir am Begreifen des Mythos zwangsweise scheitern.

Die berühmte Statue
Von einem Bauern
auf der Insel Milos
entdeckt

Der Mythos lebt unabhängig weiter, gleichgültig ob wir ihn verstehen oder nicht, aber unsere Zeit und damit wir, brauchen den Zugang zum Mythos, um uns nicht allzu gläubig im falschen Mythos der Ratio, der Naturwissenschaftlichkeit und des dubiosen Glaubens an den Fortschritt zu verlieren.

Der so hoch gelobte Fortschritt ist eine Fahrt ohne Ziel und Inhalt, er läßt den Menschen hoffnungslos in einer kalten Welt stehen und bei der Frage nach Lebenssinn und Glück ist er ein wenig hilfreicher Geselle.

Ein weiterer Gedankengang mag für das Verständnis der schaumgeborenen Göttin noch von Bedeutung sein. Wie kommt ein Volk oder ein Kulturkreis eigentlich auf die Idee, das Thema Partnerschaft, Zuneigung, Vereinigung oder gar Liebe in einer Gottheit zu personifizieren.

In Alt-Ägypten war die Göttin Hathor, die sich später mit Isis vereinigte, die rituelle Ansprechpartnerin, zugleich war Tanz, Gesang und frohsinni-ges Feiern das ihr ureigenste Gebiet. Aus Babylon, aus dem alten Sumer hervorgegangen, ist uns Ishtar als das Pendant zu Hathor überliefert. Daraus wurde, wie aus dem Alten Testament bekannt, im Lande der Philister, im späteren Phönizien, Astoreth oder Attoreth. Ob die Griechen diese uralten Bezeichnungen übernommen und inhaltlich graecisiert haben, kann nur spekulativ angenommen, aber nicht bewiesen werden.

Wie dem auch sei: Die griechische Göttin der Liebe ist die weiblichste, betörendste, vielbesungenste Bewohnerin des Olymp, wie uns aus Gedichten, Zeichnungen und vor allem von Skulpturen bekannt ist. Den alten Völkern war unser moderner amerikanischer Slogan "Time is money" noch weitgehend unbekannt. Sie besaßen noch die Muße der Beobachtung und daraus leiteten sie ihre empirischen Schlüsse ab, in die jedoch das Walten der Götter eingewoben war.

Welcher Eingebung folgten Tiere bei der Paarung, was versetzte den Menschen in eine innere freudige Unruhe, wenn er oder sie den anderen Menschen seiner oder ihrer Zuneigung traf? Welche geheimnisvollen Kräfte inszenierten das Zusammenfinden von Mann und Frau?

Nur ein göttliches Wesen konnte es sein, das diese mächtigen Bande knüpfte. Nur das weibliche Prinzip als Ausdruck des Gebärens und der Fruchtbarkeit kam dafür ausschließlich in Frage, nur ihm traute man die Feinfühligkeit und Anziehungskraft zu. Das männliche Prinzip erschöpfte sich in Waffengeklirr und Kampf.

So setzte sich die Reihe der Göttinnen der Attraktivität, Zuneigung und Partnerschaft, um einmal das Wort Liebe vorsichtig umzudeuten, aber auch in seiner umfassend abstrakten Bedeutung gleichzeitig auszuklammern, vom alten Sumer über die Kultur am Nil, über Phönizien bis hin zu den Küsten der Aegaeis ununterbrochen fort.

An der Reception des Hotels, das folgerichtig ebenfalls den Namen einer mythologischen weiblichen Gestalt führt, hält Aphrodite mir mit dem Lächeln der Jahrtausende ganz prosaisch den Zimmerschlüssel entgegen.

Die Geburt der Venus

Das berühmte Bild von
Sandro Botticelli.
Venus als latinisierte
Aphrodite.
Die Römer übernahmen
viele griechische Götter

Helena oder wer hat Schuld am Trojanischen Krieg?

Aphrodite heißt mit bürgerlichem Namen Elena.

Was sich im deutschen Sprachkreis als wenig attraktive verbale und bildliche Assoziation der frommen Helene von Wilhelm Busch erweist, bekommt im Griechischen eine gänzlich andere Dimension.

Und so gleiten die Gedanken fort aus der Empfangshalle dieses kleinen Hotels auf Lesbos zurück zu jenem Ereignis, das - wenn man Homer Glauben schenken darf - zur damaligen Zeit den gesamten bekannten Erdenkreis in Aufruhr und Wallung versetzte.

Helena hat nichts gemein mit der eben erwähnten asketisch-frömmelnden Helene. Sie ist vielmehr eine schöne, wenn nicht gar die schönste Frau der Welt. So etwas wie eine Claudia Schiffer oder Cindy Crawford der Antike. Kein Wunder, bei dem Vater!

Kein Geringerer als der oberste der Olympier ist ihr Vater. Bei der Mutter jedoch hat der Mythos gleich mehrere Namen im Angebot.

Die erste ist Nemesis, die sich auf der Flucht vor dem zudringlichen Göttervater zuletzt in eine Gans verwandelte. Doch der clevere Zeus wurde zum Schwan und jetzt endlich gelangte er ans Ziel seiner Wünsche. Aus der Schwan-Gans-Liaison entstand ein Ei, aus dem Helena entstand.

Eine andere, uns allen bekanntere Version, die viele Maler inspiriert hat, ist die Vereinigung des schwanenhaften Zeus mit Leda. Die Folgen waren die gleichen.

Um es kurz zu machen: Die schöne Helena wurde die Frau des Herrschers von Sparta, Menelaos, eines Bruders von Agamemnon, des Königs von Mykene.

Um die Schuldfrage, wenn sie überhaupt gestellt werden kann, weiter abzuklären, bedarf es zweier weiterer Parallelgeschichten. In diesen Dingen waren die alten Griechen so herrlich erfinderisch.

Die erste spielt sich im homerischen Troja ab, das Heinrich Schliemann fast drei Jahrtausende später so genial aus dem Schutt der Geschichte ausgrub.

Dort regierte König Priamos mit seiner Gattin Hekate. Ihr erster gemeinsamer Sohn war Hektor. Als Hekate wieder guter Hoffnung war, hatte sie einen furchtbaren Alptraum, in dem sie eine brennende Fackel gebar, die ganz Troja in Brand setzte.

Sie unterbreitete den Traum den Wahrsagern und Traumdeutern. Kassandra riet, das Kind sofort nach der Geburt zu töten. Priamos, nur halbherzig den Weissagungskünsten seiner eigenen Tochter vertrauend, ließ den Sohn im Gebirge bei Troja aussetzen. Das Schicksal hatte jedoch seine dunklen Fäden bereits ganz engmaschig gewoben.

Eine Bärin säugte das Findelkind, Hirten fanden es und nannten es Paris. Der Junge wuchs heran, hütete die Herden und der Ruf seiner männlichen Schönheit verbreitete sich im Lande.

Wenden wir uns nunmehr der dritten Geschichte zu, die alles erst ins Rollen brachte.

Thetis, göttlicher Abstammung, und der sterbliche Peleus feiern Hochzeit. Aus ihrer Ehe wird später Achilles hervorgehen, der größte Held der Griechen vor Troja.

Alles was Rang und (Götter)Namen hat, ist vorgefahren. Sterbliche und Unsterbliche trinken und schmausen miteinander, als plötzlich die Tür aufgeht und Eris, die Göttin der Zwietracht, von Zeus bewusst nicht eingeladen, mit einem maliziösen Lächeln in der Öffnung erscheint. Sie geht ein wenig in die Hocke und mit der rechten Hand rollt sie einen goldenen Apfel in die Hochzeitsgemeinde bis an den Tisch, an dem Hera, Athene und Aphrodite einträchtig beim göttlichen Plausch sitzen. Dieser erste Bowling-Wurf der Weltgeschichte sollte ungeheure Folgen haben.

Neugierig - auch die olympischen Damen besaßen schon diese angeblich typisch weibliche Eigenschaft - hebt Hera den Apfel auf. „Der Schönsten" steht darauf eingeritzt. Kaum hat das Göttinnen-Trio diesen Satz zur Kenntnis genommen, ist es aus mit der bislang geübten Harmonie. Jede glaubt, dass dieser Apfel nur allein ihr zustünde. Die Stimmen werden lauter, die Wangen röter, von der Gabe des Dionysos beflügelt. Missbilligend blickt Zeus mit leicht gerunzelter Stirn vom Nachbartisch herüber. Doch als das Gezänk des Olympierinnen-Terzetts weiter eskalierte, stellte er seinen goldenen Pokal auf den Tisch und erhob sich unwillig. „Schaut euch einmal um, auch Sterbliche weilen unter uns. Welch ein Glück, daß Prometheus den Menschen zwar das Feuer aber noch nicht die Regenbogenpresse gegeben hat; sonst könntet ihr morgen eure unziemlichen Worte im Trojanischen Tageblatt oder im Spartanischen Nacht-kurier nachlesen. Um die Sache abzuklären: Morgen wird Hermes ins Ida-Gebirge fliegen. Dort habe ich einen männlich-schönen Hirten namens Paris auserkoren. Er wird entscheiden, wem der Apfel gebührt."

Hera, Athene und Aphrodite fügten sich dem Spruch und setzten sich, ohne einander noch eines Blickes zu würdigen, an andere Tische.

Am nächsten Tag fand die erste antike Miss-Wahl statt. Laufsteg und Bikini waren noch nicht erfunden, so verlief die Schönheitskonkurrenz nach anderen Regeln. Der arme Paris war zuerst gänzlich geblendet von der Schönheit der drei Göttinnen. Hera versprach ihm das glanzvollste Reich auf Erden. Pallas Athene lockte ihn mit Ruhm und Weisheit. Aphro-dite blickte ihn durch die halbgeschlossenen Lider leicht lasziv an, warf den Kopf etwas in den Nacken und verhiess ihm die schönste Frau der Welt. Dem jungen Hirten gerieten die Gedanken gänzlich durcheinander. Das war einfach zu viel für einen einfachen Hirten. Dann blieb sein Blick an Aphrodite hängen, riskierte noch einen Blick in das aufregende Dekol-leté und er - ja er konnte gar nicht anders - überreichte ihr den goldenen Apfel.

Leicht indigniert verließen Hera und Pallas Athene das wäldliche Miss-Wahl-Areal und versprachen Rache.

Die Idee zum Trojanischen Krieg war geboren, das Schicksal nahm sei-nen kuriosen Verlauf.

Paris gelangte wieder an den Hof seines Vaters, wurde als Sohn aner-kannt und erneut in den Familienkreis aufgenommen. Eines Tages gelobte er dem Vater Priamos, dessen einst geraubte Schwester Hesione wieder nach Troja zu holen.

Man rüstete eine große Flotte aus. Unterwegs legte Paris auf der Insel Kythera an und opferte in einem Tempel, der der Aphrodite und der Arte-mis geweiht war.

Die Kunde von der glänzenden Flotte hatte sich bis Sparta herumge-sprochen. Am Hofe schien sich Helena, die Frau des Herrschers Menelaos, der schon längere Zeit auf Reisen war, ein wenig zu langweilen. Das Ver-sprechen Aphrodites war noch immer uneingelöst und so mussten die bei-den, Paris und Helena, ja irgendwie zueinander finden. Auch Helena war nicht ganz frei von jenem Attribut, das man landläufig den Frauen zu spricht, der Neugierde. Sie beschloß einen Blick auf die Männerschar aus Troja zu werfen und brach auf, in just jenem Tempel zu opfern, in dem bereits Paris das gleiche getan hatte.

Oben auf dem Olymp schaute Aphrodite lächelnd-verschmitzt zu und bewegte mit ihren zartgliedrigen Fingern die Fäden, an denen dort drunten die kleinen Marionetten hingen.

Man fand Gefallen aneinander, er an der Frau, die Aphrodites Schönheit gleich kam, sie an dem strahlenden jungen Ex-Hirten.

Paris besuchte sie, ganz wie die Etikette es gebot, in Sparta am Königshof.

In Liebe zu Helena entbrannt, überredet Paris seine Mannen, ihm Beihilfe bei der Entführung zu leisten. Und siehe da - welch schwankende Wesen schon damals die Schönen waren! Kaum ist der angetraute Gatte auf (antiker) Geschäftsreise - fallen daheim die Hüllen und Grundsätze.

Halb widerstrebend, halb einwilligend, folgte Helena dem trojanischen Königssohn auf die Trojer-Schiffe. Unterwegs vermählte man sich und nach vielen Jahren traf die Flotte wieder in Troja ein.

Zutiefst empört und verletzt mobilisierte Menelaos seinen Bruder Agamemnon.

Jenes dramatische, die gesamte Ägäis erschütternde Geschehen nahm seinen Lauf. Es kam die Stunde von Achilles, Ajax, Hektor, Odysseus & Co.

Wer hat nun - um zu unserer Ausgangsfrage zurückzukehren - eigentlich die Schuld am Trojanischen Krieg?

Diese Frage wird dem Thema jedoch in keiner Weise gerecht. Allenfalls können wir es als Lehrstück deklarieren, als Traktat über die Eitelkeit der Frauen und deren Folgen. Aber dies alles berührt die großartige Geschichte nur sanft am Rande.

Insgesamt gesehen ist es die visionär-zusammenfassende Schau eines Dichters, des größten Dichters, den die geistig erwachende irdische Kultur bis dahin kannte.

Der gesamte Trojanische Krieg mitsamt seiner Vorgeschichte und seinem Nachgeplänkel in homerischer Versform ist die Darstellung eines lokalen Ereignisses, das historisch wahrscheinlich stattgefunden hat oder haben mag, in dichterischer Freiheit umfassend erhöht, um Geschichte als Interaktion zwischen menschlichem Tun und göttlichen, den Menschen unverständlichen Entscheidungen, zu verstehen.

Ob Elena an der Rezeption, mit dem Charme der Aphrodite beschenkt, wohl um ihre berühmte antike Namensschwester weiss?

Oder hat sie gar das Fach Geschichte in der Schule einfachheitshalber abgewählt?

Ich habe sie nicht danach gefragt.

Kloster Limonos - Oase in der Zeit

Auf der Straße von Kalloni nach Westen liegt linkerhand in einem weiten Tal unübersehbar das Kloster Limonos.

Ein Abstecher lohnt sich. Werfen Sie einen Blick in das kleine Museum, die Eintrittsgebühr trägt zur Unterhaltung des Klosters bei. An manchen Tagen, wenn viele griechische Touristen das Kloster besuchen, erweist man dem Fortschritt seine Reverenz: Aus Lautsprechern erklingen die leicht melancholischen gregorianischen Gesänge. nicht live, sondern vom Band.

In der Mitte des ersten Innenhofes liegt das Katholikon des Klosters, für Frauen noch heute eine Tabuzone. Viel interessanter ist jedoch der zweite Innenhof, den Durchgang finden Sie hinten rechts.

Hat man das große Glück und es ergießen sich nicht gerade mehrere Busse in das Kloster, sollte man sich auf eine der Bänke im Schatten der großen Kiefern setzen, direkt neben das Gatter mit Hühnern, Perlhühnern und Pfauen.

Der Garten hat so gar nichts gemein mit den Vorstellungen von einem Ziergarten. Er ist einfach urwüchsig. Im Frühjahr blüht der Mohn, die Wegwarte und die Kamille.

Der Wind rauscht in den Kronen der Kiefern. Alles ist vorhanden: Obstbäume, Akazien, Oleander, Lebensbäume.

Hier ist die Zeit stehen geblieben, es ist wie eine Oase im ständig dahinrinnenden Sandstrom der Zeit.

Im südlich gelegenen Hof, vom Kreuzgang des ersten Hofes aus, vor dem Museum links, zu betreten, liegt eine winzige Basilika. Sie wurde 1992 restauriert und zeigt unterhalb der Kuppel allegorische Szenen aus dem Leben Jesu.

Die interessanteste Erscheinung des gesamten Klosters ist zweifelsohne der Abt, Papa Nikodemus.

Sein markanter Kopf mit den schwarzen, hinten zu einem Zopf zusammengebundenen Haaren, war mir bereits bei meinem ersten Besuch aufgefallen.

Ungewöhnlich für einen Abt sind die beiden weiß-grauen Pudel, die stets an seiner Seite sind.

Er ist überall zu finden, hat für jeden ein freundliches Wort zur Begrüßung, auch mal einen Bonbon. Wenn Not am Mann ist, greift er auch selbst zum Wasserschlauch und giesst die vielen Pflanzen.

Seine sanften Augen stehen ganz im Gegensatz zur Dynamik seines Auftretens.

Bereitwillig erklärt er uns auf französisch vieles über das Kloster, zeigt uns die vielen kleinen Kirchlein ringsherum und schlussendlich den großen Festsaal.

Die Kirschpflaumen beginnen reif zu werden. Zum Abschied greift er in einen Baum, pflückt einige der Früchte ab und überreicht sie uns als Geschenk.

Wir versprechen, bald wieder zu kommen.

Die Insel der Ölbäume

Neben den Kiefern und Pinien sind es vor allem die Olivenbäume, die das Grün der Insel Lesbos ausmachen.

Nach groben Schätzungen sind es zwischen dreizehn und fünfzehn Millionen - also mehr als Gesamtgriechenland Einwohner hat.

Es ist der Weitsicht der Genueser zu verdanken, dass die Insel so fruchtbar ist. In Terrassenform angelegt, trotzen die Ölbäume den Regenfluten des Winters und des Frühjahrs, die das Erdreich vom felsigen Untergrund hinwegzuspülen drohen.

Die heutige Zeit hätte uns diese Terrassen in einer der scheusslichsten Baumaterialien der Welt präsentiert - in Beton. Damals hingegen wurden mühsam die Steine aufeinander geschichtet. Die Natürlichkeit und den Fleiß können wir noch heute bewundern. Generationen haben daran gewirkt.

Der Ölbaum ist ein heiliger Baum. Er ist der Baum des Lebens. Als Noah auf seiner Arche den Rückgang der gewaltigen Straf- und Sintflut gewahr wurde, sandte er nach zwei Versuchen mit einem Raben und einer Taube erneut eine Taube als Kundschafter aus.

Die kehrte mit einem Zweig des Ölbaums zurück - das Leben begann erneut auf der Wasseröde zu grünen.

Im Garten Gethsemane verbringt Jesus den letzten gemeinsamen Abend mit seinen Jüngern - die knorrigen, uralten Ölbäume faszinieren noch heute des Betrachters Blick.

Ob sie tatsächlich noch Zeugen jener dramatischen Tage sind – wer vermag es zu sagen? Es ist beim Besuch dieser heiligen Stätte auch von untergeordneter Bedeutung.

Überall am Mittelmeer trifft man auf sie.

Mit ihrem manchmal bizarren Wuchs sehen die Olivenbäume oft wie verwunschene oder unglückliche Gestalten aus. Manchmal ist das gesamte Innere hohl und doch, aus diesen wie Baumruinen anmutenden Gebilden spriesst noch immer das dunkelgrün-silbrige Blattwerk.

Seine Wurzeln gehen immer in die Tiefe, bis zu drei Meter. Das sichert ein Überleben auch in trockenen Zeiten. Es ist ein Baum der Kraft.

Kaum ein anderer Baum, schon gar nicht in dieser Vielzahl, weist dieses archaisch-urwüchsige Gesicht auf. Er ist kein Baum, der in gepflegte Parks passt. Er hat seine eigene Vorstellung von Schönheit.

Das sonnengegerbte, vielfaltige, einmalige Antlitz des Bauern, der mit wachen Augen nach der Olivenernte schaut, das ist das Gleichnis des Öl-baums, nicht die stereotyp-langweiligen, künstlich gestylten Uniformge-sichter der Männer-Mode-Journale.

Die geballte Kraft des Lebenssaftes der Ölbäume, das Olivenöl, gilt es fein zu dosieren.

In dezenten Mengen genossen ist es eine geschmackliche Offenbarung und eine Wohltat für den Körper. In großen Mengen kann es zur Belastung für die Bauchspeicheldrüse und die Gallenblase werden. Wie bei allem Guten gibt es einen schmalen Wirkungskorridor.

Der naturheilkundlich tätige Therapeut wird es als Homöopathikum ein-setzen, Olea europaea - ein gutes Heilmittel bei Rekonvaleszenz und Schwäche, zur Unterstützung bei allen viralen Belastungen.

Man nennt das Olivenöl das grüne Gold des Mittelmeeres. Mit Recht. Denn sämtliche Salate schmecken einfach besser, wenn man sie mit frisch gepresstem Olivenöl zubereitet. Der Coriatiki, der griechische Bauernsa-lat, schmeckt damit einfach besser. In Griechenland wird fast ausschließ-lich mit Olivenöl gebacken und gebraten.

Ein Fest für die Augen ist die innige Betrachtung der dunkelgrünen Blät-ter mit der silbrig-grauen Unterseite im kühlen Licht der Morgensonne, oder im gleißenden Licht, wenn Helios' Gespann am Zenit steht oder in den warmen Tönen bei Sonnenuntergang. Ölbäume sind wie das Leben auf einer südländischen Platia oder Piazza - sie bieten ein immer neues Bild.

Die Arbeit der Bauern in ihren Olivenhainen ist kein leichtes Tagewerk. Die terrassierten, sich am Berg hochziehenden Areale verlangen Pflege und sind nicht immer leicht zu erreichen.

Auf dem europäischen Markt ist die Konkurrenz der italienischen und spanischen Anbauer spürbar stark geworden.

Nun bleibt nur die Hoffnung, dass sich noch lange Menschen finden, die nicht - sozial abgesichert - die Flucht in die Bequemlichkeit antreten, sondern den heiligen Bäumen weiterhin ihre Mühe, Sorgfalt und Arbeit zuwenden. Denn der Olivenbaum ist neben seinen wundervollen Früchten einer der Garanten für die Fruchtbarkeit und das den Augen wohltuende Grün der Insel.

Einer jener uralten Olivenbäme

Ein schattenspendender Olivenhain

Im Süden der Insel

Wie schon erwähnt, ziehen sich zwei große Buchten, für die das Wort Binnenmeer fast angemessener wäre, vom Süden her in die Insel hinein.

Der Golf von Gera und der Golf von Kalloni: Der zweite, auf griechisch Kolpos Kallonis, ist in der Tat fast wie die Gebärmutter von Lesbos, denn um ihn herum liegt fruchtbarstes Land.

Der Olymp von Lesbos, zwischen beiden Meereseinbuchtungen gelegen, ist das beherrschende Bild des Südteils der Insel.

Wie die Kuppe eines Zeigefingers ragt er aus dem Bergmassiv heraus.

Die Straße nach Plomari im Süden der Insel zweigt an der Westseite des Golfes von Gera von der Hauptstraße Mytilini - Kalloni ab. Je weiter man in den Süden kommt, desto schmaler und kurvenreicher wird die Straße.

Irgendwann hat man das Gefühl, durch grüne Arkaden zu fahren. Die Äste der Bäume formen über dem Fahrweg das Dach einer Kathedrale der Natur.

Plomari mit seinem etwas östlicher gelegenen Strand Agios Isidoros ist ein geschäftiges Städtchen, dem aber insgesamt der Liebreiz oder der Charme der Städte des Nordens fehlt.

An der Westseite der neuen Platia am Hafen führt eine schmale Straße hinein.

Ouzo-Liebhabern sei angeraten, falls sie nicht schon die Destillerie besichtigt haben, eine kurze Pause einzulegen. Nach ungefähr zweihundert Metern findet man auf der rechten Seite einen Verkaufsladen der Firma Barbayanni, die nach Expertenmeinungen wohl den besten Ouzo weit und breit, wenn nicht gar ganz Griechenlands, brennt. Die Kräutermischung ist natürlich Familiengeheimnis. Der teuerste Ouzo trägt sogar das Abbild der Venus von Milo - oder sagen wir lieber der Aphrodite von Melos, denn schliesslich sind wir in Griechenland und die berühmte Statue wurde ja von einem Bauern auf der Insel Milos entdeckt. Selbstverständlich konnte ich die Insel Lesbos nicht ohne eine der Aphrodite-geschmückten Flaschen verlassen.

Etwas weiter, auf der linken Seite, befindet sich die alte Platia. Unter einer riesigen Platane stehen die Tische und Stühle der Taverne „O Plata nos" - ein herrlicher Aufenthalt an warmen Sommerabenden.

Wer die Kunst des Langsam-Fahrens noch beherrscht, sollte es wagen, von hier aus weiter über Megalochori nach Agiassos zu fahren.

Die zuerst asphaltierte Straße windet sich vom Meer hoch, ändert sich aber recht bald zu einem Schotterweg.

Die Ausblicke über das Meer bis zur Nachbarinsel Chios, auf der Homer geboren sein soll, entschädigen für die beschwerliche Fahrt.

Schnell gewinnt man das Gefühl, nicht mehr auf einer Insel in der Ägäis, sondern in den Alpen zu sein.

Nach ungefähr zwölf Kilometern anstrengender Fahrt erreicht man Megalochori, ein verträumter kleiner Ort, Sommeridylle für die Einwohner von Plomari.

Auf dem Dorfplatz unter der großen Platane spielen Männer Karten. Nur einen kurzen neugierigen Blick werfen sie den Touristen zu, dann wenden sie sich wieder ihrem Spiel zu. Sehenswert ist die Kirche, der man von außen kaum das weihevolle dunkle Innere ansieht.

Die Schotterstraße von Megalochori weiter nach Agiassos ist die Straße der Schmetterlinge. An diesem Vormittag in den ersten Tagen des Juni fliegen und flattern Hunderte, ja Tausende rechts und links der Straße und suchen sich einen Platz auf den wilden Blumen. Leider haben wir keinen botanischen Führer dabei, so dass die Namen der meisten Blumen uns unbekannt bleiben. Als einzige erkennen wir die Disteln, die mit ihren herrlichen violett-rosa-farbenen Blüten nicht nur die Schmetterlinge, sondern auch uns faszinieren.

Ihr Farbschimmer unterscheidet sich um Nuancen von denen im Norden der Insel.

Die beiden Bücher "Rosen für Apoll" und "Disteln für Hagen" kommen mir in den Sinn. Warum eigentlich vegetiert die Distel auf der Schattenseite menschlicher Zuwendung?

Beide Pflanzen sind dornig und stachelig. Weder die eine noch die andere lädt ein, sie mit den Händen zu streicheln oder sie zu drücken. Die Blüte einer Distel ist eine Freude für das Auge des Menschen. Aber die Rose hat nun einmal auf dieser Welt das Los des Gewinners gezogen. So blieb der Distel nur die Rolle des Verlierers zu übernehmen. Versüßen wir ihr das Dasein, indem wir ihr hin und wieder Beachtung schenken.

Ein Blick auf die Tankuhr verheisst nichts Gutes, unerbittlich-rapide nähert sich der Zeiger der unteren Grenze. Nur hier nicht liegen bleiben!

Aber wir schaffen es offenbar mit dem letzten Tropfen bis zur nächsten Tankstation.

Agiassos mit seinen rund 3.500 Einwohnern hat sich ein wenig den alten traditionellen Charakter bewahrt. Das Kopfsteinpflaster und die Enge der Straßen verlangen wegen ihrer Abschüssigkeit gute Bremsen.

Die Touristen bleiben zumeist nicht lange. Die Fremden findet man fast ausschließlich im Zentrum, in der Nähe der Kirche der Panagia, der heiligen Gottesmutter. Sie ist das eindrucksvollste sakrale Bauwerk der Insel. Im byzantinischen Stil im Jahr 1814 an alter Stelle errichtet, wirkt sie auf einen Reisenden, der die oft nüchternen christlichen Kirchen gotischen Stils kennt, erst einmal ungewohnt überladen. Aber es lohnt sich, in aller Ruhe einen Rundgang durch die Kirche zu machen, die Details ins Auge zu fassen und das Tun und Lassen der eintretenden Gläubigen, meistens Frauen, zu beobachten.

Wer den Weg nicht scheut, dem sei noch ein Abstecher nach Vatera empfohlen, über Vassilika, Polychnitos und Vrissia.

Strandsüchtige finden hier einen fast elf Kilometer langen Strand - Sand und Sonne pur.

Der Strand ist allerdings schmal, doch das Wasser ist kristallklar.

Einige Hotels und Tavernen an der kleinen Uferpromenade sorgen für Unterkunft und leibliches Wohl.

Wer die Einsamkeit sucht und lange Spaziergänge, wer sich selbst genug ist und den lärmenden Tourismus nicht mag, der findet in dieser Gegend mit Sicherheit sein erträumtes Ziel.

Es gibt überall auf der Welt lohnende Ziele, die es zu erobern, zu erkunden und zu erleben gilt, bevor der breite Strom der touristischen Heerscharen sich mit seiner entstellenden Gewalt über diese herrlichen Schmuckstücke ergießt.

Molivos - Nostalgie im Inselnorden

An diesem Sonntagnachmittag pfeift ein ungemütlicher Wind durch die engen Gassen von Molivos, im Norden der Insel gelegen. Gekrönt von einem Kastell zieht sich der kleine Ort am Berghang hinauf. Das Kastell stammt noch aus genuesischer Zeit und wurde von der berühmten Familie Gattelusi auf antiken Mauerresten errichtet.

Der offizielle Name des Ortes ist eigentlich Mythimna, aber kein Mensch, abgesehen von den Bürokraten, die es auch auf Lesbos gibt, nennt das Städtchen so.

Ein geruhsamer Spaziergang durch die pittoresken Gäßchen bergauf und bergab ist ein Fest für den, der das Schauen nicht verlernt hat. Alte Treppen, farbige Türen, die allgegenwärtige Blumenpracht, schattige Innenhöfe, knorrige Bäume, und immer wieder der Durchblick auf die Bläue des ägäischen Meeres. Die Kirche mit ihrem weißen Glockenturm blickt souverän auf die mit roten Schindeln gedeckten Häuser herab. Am Eingang zum Hof der Kirche sitzt eine Katzenmutter mit vier kleinen Kätzchen, deren drollig unnachahmlich tapsigem, aber zugleich gelenkigem Charme man sich nicht entziehen kann.

Insgesamt ist der Ort, der unter Denkmalschutz steht und dem somit die baulichen Scheusslichkeiten anderer griechischer Städte erspart geblieben sind, so etwas wie das Rothenburg oder das Dinkelsbühl von Lesbos.

Im kleinen Hafen von Molivos, sonst abends mit kleinen Tischen, Tavernen und Kafenions umsäumt, an denen Griechen und Touristen lachend, essend und trinkend den Tag ausklingen lassen, ist heute kein Platz besetzt. Die Inhaber haben ihr Stühle und Tische samt Zubehör in Sicherheit gebracht. Es ist schwer, heute abend noch einen Platz im Inneren einer Taverne zu ergattern.

Das Meer rollt immer wieder tosend wie ein ungebändigtes Tier an den schmalen Kiesstrand und läßt uns in dieser Nacht in unserem Hotel, nur wenige Schritte vom Meer entfernt, nicht so in Ruhe schlafen wie sonst.

Wer hoch droben über dem Meer die Abendstimmung und den Blick auf das Meer genießen möchte, dem sei das Restaurant „Molivos Stars" empfohlen.

Man fühlt sich in der familiären Atmosphäre einfach wohl. Zwei

Schwestern haben die Küche unter ihre Fittiche genommen, einer der beiden Männer, die Brille immer weit vorn auf der Nase balancierend, überwacht die Ausgabe der Speisen. Takis, der Ehemann der anderen Schwester, dirigiert mit freundlichem Charme das Geschehen im Restaurant. Sein Schwiegersohn, eigentlich zum Urlaub aus Athen gekommen, muss mit einspringen.

Einmal dagewesen wird man das zweite Mal bereits wie alte Freunde begrüßt.

Im Gespräch bei einem Metaxa erfahren wir nachher, daß Takis früher zehn Jahre in Boston eine Pizzeria hatte.

Das Heimweh trieb seine Frau vor allem und auch ihn wieder zurück nach Molivos. Zum Glück hatte er die gräßlichen Fast-Food-Ideen aus der amerikanischen Diaspora nicht mit nach Lesbos gebracht, sondern bemüht sich um eine Verfeinerung der griechischen Küche. So zwischendurch verrät er uns, daß er auch die Namen seiner Gerichte nicht auf die Rechnung schreibt, damit die Konkurrenz ihn nicht kopiere.

Die Legende sagt übrigens, dass der erste Berufskoch seine Heimat in Griechenland gehabt haben soll. In den Zeiten, als die Piraten die Inseln und Küsten unsicher machten, flüchteten die guten Köche in die Klöster, wo sie nur allzugern aufgenommen wurden. Um sie von den Mönchen besser unterscheiden zu können, erhielten sie anstelle der schwarzen Mönchshüte weiße Mützen, ein Kleidungsstück, das heute noch immer besonders von den Sterne-Köchen getragen wird.

In solch wohltuendem Ambiente ist es ein Fest für die (Farb)Sinne, abends zuzuschauen, wie Helios mit seinen Rossen orangeglühend ins Meer hinabsteigt.

Eine weitere Möglichkeit bietet sich von Molivos aus an: Die Erkundung des Nordostens der Insel. Die Straße führt über Stipsi, einem hochgelegenen, nach Süden blickenden Örtchen. An vielen Häusern sind die Fensterläden geschlossen, so manchen Einwohner hat es aus diesem abgelegenen Fleck in andere Gegenden Griechenlands oder der Welt verschlagen, in denen man Geld verdienen und eine Familie unterhalten kann.

Die Durchfahrtsstraße ist eng. Auf der rechten Seite zuckelt vor uns die Müllabfuhr des Ortes entlang. Nicht als modernes, uns bekanntes motorisiertes Gebilde, nein, ein Esel tut's hier auch.

Links und rechts hängen zwei große Blechkanister an seinem Sattel, in die der Müllmann die an der Straße stehenden Abfalltüten hineinwirft. Eine Alternative für das smogverseuchte Athen!

Bei unserer ersten Reise machten wir von hier aus eine Wanderung über den Berg nach Petra, einem kleinen aufstrebenden Strandort im Norden der Insel. Unser Reiseleiter, ein Deutscher, wie bereits erwähnt, wegen seiner Haarpracht von den Griechen Petros genannt, erzählt uns folgende amüsante Geschichte: Als er das erstemal mit einer Gruppe von dieser Stelle zu einer Wanderung aufbrach, mußte er sich von den Einheimischen beschimpfen lassen. Was ihm denn einfiele, hilflose Touristen einfach über die Berge zu scheuchen, wo doch Taxis und auch ein Bus ohne weiteres zu bestellen seien.

Weiter geht die nunmehr nicht mehr asphaltierte Straße. An der Südflanke des Lepetimnos, an Höhe dem Olymp im Süden der Insel gleich, erstreckt sich der Blick weit über die Berge bis hin zum Golf von Kalloni.

Der Himmel zeigt heute morgen nicht das strahlende Blau. Hochliegende Wolken verwehren Helios mit seinen Sonnenpferden den Blick auf die Erde.

Philemon und Baukis oder die Griechische Sintflut

Viele Völker dieser Welt haben in ihrem Sagenschatz das Andenken an die Grosse Flut bewahrt.

Im griechischen Gedankengut klingen ähnliche Motive wie in der uns bekannten hebräischen, biblischen Version an.

Beide Male ist die Sintflut eine Strafe der Götter oder Gottes, um das hartherzig und selbstsüchtig gewordene Geschlecht der Menschen in jenem Element Wasser zu ertränken, das in der symbolhaften Betrachtung dem Thema Gefühle entspricht. Die sicher vorher erfolgten Hinweise hatten offenbar keinen Eindruck gemacht, so dass eine grobe, derbe Behandlung am Platze war.

Wirft man einen Blick in unsere heutige Welt, so drängt sich der Gedanke an eine neue Sintflut geradezu auf.

Wir kommunizieren uns fast zu Tode - Telefon zu Hause und als Statussymbol im Auto, tragbar, transportierbar, überall erreichbar sein. Per Telefax, von Computer zu Computer, die Fernsehprogramme als Ausdruck einer einseitigen Kommunikation, die Gazettenflut steigt und steigt - aber alte Tugenden wie Gefühle, Nähe, Zuwendung, oder gar Gastfreundschaft werden seltener.

Sollte man vielleicht - um sie vor dem Aussterben zu retten - einen Zoo für alte Tugenden errichten?

Die griechische Sage führt uns zurück in eine graue Vorzeit, als die Herzen der Menschen hart wie Stein geworden waren, Mildtätigkeit und Freigiebigkeit verlernten, und jeder nur danach trachtete, sein Eigentum zu vermehren.

Zu eben jenen Zeiten waren Zeus und Hermes in Phrygien als Wanderer unterwegs, um die Menschen zu prüfen. Doch die Menschen beäugten sie mißtrauisch und voller Argwohn.

Niemand gewährte ihnen ein Obdach geschweige denn ein Mahl. Die Kunde von den beiden Fremden verbreitete sich und meistens öffnete man ihnen nicht einmal die Türen. Nach langem Wandern erreichten die beiden Bittsteller ein kleines Häuschen. Ein altes Paar saß auf einer Bank und genoss die letzten Strahlen der untergehenden Sonne: Philemon und Baukis. Sie hatten ein langes Leben voller Harmonie und Eintracht geführt und waren miteinander glücklich alt geworden.

Die wenigen Ziegen und das kleine Stück Land, das ihnen geblieben war, reichte mehr recht als schlecht zum Leben.

Irgendwie spürten sie im Innern das Geheimnisvolle, das Göttliche in den beiden Fremden. So lud Philemon sie ein, Platz zu nehmen. Das Bescheidene, das Küche und Keller zu bieten hatte, boten sie den beiden Wanderern an, die beherzt zugriffen, als hätten sie tagelang gehungert. Während des Essens horchten sie so nebenbei die beiden Alten über Land und Leute aus. Schliesslich gaben sie sich als Olympier zu erkennen. Kein Wort des Dankes kam über ihre Lippen, als sie das Gastmahl beendet hatten. Es sei Zeit, Abschied zu nehmen, sagten sie und forderten Philemon und Baukis auf, mit ihnen zu kommen. Gebannt-gläubig folgten die beiden Alten den Göttern, ohne zu fragen, ohne Widerrede. Trotz ihres hohen Alters waren sie zur Änderung, zum Wandel bereit.

Die Götter führten die beiden bergauf. Unterdessen hatte der Himmel seine Schleusen geöffnet und ein gewaltiger Sturm fauchte über die Welt.

Wasserbäche stürzten von den Bergen, das Gehen wurde zunehmend schwieriger. Die beiden hielten sich an den Händen und gingen, einer inneren Stimme folgend, weiter. Die beiden Führer waren derweil verschwunden. Es war dunkel geworden. Nach langem Herumirren fanden Philemon und Baukis oben auf der Bergkuppe einen alten, halb verfallenen Stall, in dem sie Zuflucht fanden. Die lange, finstere Nacht nahm kein Ende, in ihrer Hütte verloren die beiden jedwedes Gefühl für die Zeit. Doch irgendwann, keiner vermag zu sagen, wie lange es gedauert hatte, brach die Sonne wieder durch die Wolken und der Himmel begann wieder in seiner alten Bläue zu erstrahlen. Bei aller Freude blickten Philemon und Baukis zutiefst erschrocken auf die Welt unter ihnen. Brausende Wasser hatten alles von Menschenhand errichtete samt ihren Erbauern hinweggerissen und hatten das gesamte Land bedeckt.

Nur sie zwei waren dank einer gütigen Fügung am Leben geblieben. Zugleich tat sich Wunderliches um sie herum: Der alte Stall verwandelte sich in einen prächtigen Tempel mit schimmernden Säulen und einem goldgeschmückten Tympanon an beiden Seiten.

Sie wurden die Wächter des Tempels und hatten nur den einen sehnlichen Wunsch: Für immer zusammenzubleiben. Und als die Zeit des Erdenabschieds herankam, da veränderte sich ihre Gestalt.

Sie wurden zu Bäumen: Philemon eine Eiche und Baukis eine Linde. Und wenn der Wind wehte, dann flüsterten ihre Zweige liebevoll miteinander wie in all ihren früheren Jahren.

So mag das kleine bescheidene Häuschen
von Philemon und Baukis ausgesehen haben

Auf dem Weg nach Skala Sikamineas

Wir nehmen Abschied von dieser grandiosen Sicht in die Ferne und nehmen wieder Platz in unserem putzigen Opel Corsa.

Der nächste Ort auf der Schotterstraße gen Osten trägt den langen Namen Ipsilometopo. Beim Anblick der kleinen, erhöht liegenden Kirche des Ortes übersieht man fast die kleine, neue Taverne am linken Straßenrand. Ein Schild verheisst selbstgemachten Joghurt mit Honig. Der Wirt winkt uns fröhlich-lachend zu. Kein Gast ist an diesem Morgen in diesem abgelegenen Ort unter der großen Platane. So beschliessen wir, der freundlichen Einladung zu folgen.

Beim Kafes ellinikos und dem angepriesenen Joghurt setzt sich Stratos, der Wirt, zu uns. Blaue Augen und blondes Haar lassen ihn als wenig typischen Griechen erscheinen. Verschmitzt lässt er die Antwort im Raum stehen, ob da vielleicht in seiner Ahnenreihe germanisches Blut eingeflossen sei. Stratos ist ein amüsanter Unterhalter und weiss viel über Land, Leute und skurrile Touristen zu erzählen.

Schnee gäbe es hier oben im Winter, manchmal bis zu einem Meter hoch. Aber nie lange. Schliesslich, so erklärt er uns, heißt Ipsilometopo auch Höchste Stirn(seite).

Den nächsten kleinen Ort Pelopi ziert am Eingang, direkt hinter dem Ortsschild, der Zusatzhinweis, daß der ehemalige amerikanische Präsidentschaftskandidat Mike Dukakis, aus diesem Fleckchen stamme.

Welch ein Grossmut der Dorfoberen, auch einen Verlierer noch immer zu ehren. Gar nicht auszudenken, was geschehen wäre, wenn Präsident Bush die Wahl verloren hätte.

Unser Ziel ist Skala Sikamineas, der kleine Hafen von Sikaminea.

Auf eng gewundenen Asphaltstraßen geht es hinab bis auf Meereshöhe.

Der Ort besteht fast nur aus dem kleinen Hafenbecken, der angrenzenden Platia, einigen Tavernen und wenigen Häusern. Es lässt sich im Schatten hoher Bäume auf den einfachen Stühlen herrlich verweilen. Zur linken Hand thront die winzige Kirche der „Madonna mit dem Fischleib" auf einem Felsen, direkt am Hafen und am Meer.

Mit ihren weißgetünchten Wänden wirkt sie wie ein weithin leuchtender Rettungsanker für die kleinen Fischerboote auf dem Meer.

Leider bleibt den meisten Besuchern etwas Grossartiges verborgen. Dem kleinen Örtchen ist ein poetisches Denkmal gesetzt. Stratis Myrivilis beschreibt in seinem Roman „Die Madonna mit dem Fischleib" in volksnah-packender Sprache die Geschichte der aus Anatolien geflohenen und vertriebenen Griechen.

Der große Maulbeerbaum, der sich schattenspendend und wuchtig über der Platia und seinen Kafenions wölbt, weist den Reisenden noch heute mit einem Schild auf seine Berühmtheit hin.

In solch geschichtsträchtiger Umgebung lässt es sich gut verweilen. Der frische Fisch und ein trocken-fruchtiger Wein von der Nachbarinsel Limnos machen mitsamt der Aussicht auf den kleinen Hafen den Tag zu einem Festtag.

Hin und wieder leistet der Priester in seinem schwarzen Gewand und seiner hohen Mütze den Fischern in der Hafentaverne Gesellschaft. Es ist immer für unsere mitteleuropäischen Verhältnisse erstaunlich, wie lebensnah die griechischen Popen dem Volk sind, ja, stets mitten drin zu finden sind.

In Richtung Westen verlässt man auf einer steinigen, mit Schlaglöchern versehenen Straße den kleinen Hafenort zurück in Richtung Molivos. Zur linken Hand wird offenbar ein neues Hotel gebaut, mit Läden, Kafenions usw., eben all den Dingen, die den Touristen anlocken sollen. Man plant auf lange Sicht, denn am Ufer sind bereits die ersten Tamarisken gepflanzt - Schatten für zukünftige Sonnenanbeter.

Zwei Jahre später ist das Hotel noch immer nicht fertig, ja es scheint, als habe man den Investoren, die ein derart grosses Hotel an dieser Küste der Besinnung und Beschaulichkeit geplant haben, in ohnmächtigem Zorn Stolpersteine in den Weg gelegt. Der Bau ist weitgehend abgeschlossen – doch elektrische Anlagen, Fenster und viele andere Kleinigkeiten sind offenbar mutwillig zerstört. Die Vandalen haben anscheinend wie Ritter der Nostalgie gehandelt.

Es bleibt nur zu hoffen, daß sich hier auf der Insel nie ähnlich schreckliche Bauruinen wie auf den kanarischen Inseln als Zeugnis einer Fehlplanung und Vergewaltigung der Landschaft in den Himmel recken.

Die staubige Straße ist nur im ersten, maximal im zweiten Gang befahrbar. So sind es zum Glück bislang nur wenige Touristen, die den sich am Meer hoch- und hinabwindenden Weg befahren.

Liebhaber der Flora kommen auf ihre Kosten. Fast alles, was die Insel an Blumen, Sträuchern und Bäumen zu bieten hat, findet man links und rechts des Weges.

Hohes Schilf, Olivenbäume, Pinien, Kiefern, Platanen, hohe Disteln mit rotvioletten Blüten, Thymian, Minze, Klatschmohn und vieles andere mehr.

Ungefähr auf der Mitte des Weges nach Molivos liegt zur linken Hand eine bis in den Juni hinein üppig blühende Wiese - als hätte Aphrodite im Vorübergehen die vielfältige Blütenpracht dorthin gezaubert.

Nur wenige hundert Meter dahinter liegt einer der Geheimtipps des Inselnordens - die kleine Strandtaverne von Paraskevas und Rothia. Umsäumt von übermannshohem Schilf sitzt man an kleinen Tischen und blickt hinaus aufs Meer. Bemalte Blumenkübel, die Bäume mit Kalebassen geschmückt - ein Ambiente zum Wohlfühlen.

Paraskevas wirkt mit seinem vollen Bart und seiner gegerbten Haut wie ein Überbleibsel aus alt-achaischer Zeit. So, als wäre er den vor Aulis liegenden Schiffen des Agamemnon aus Überdruss über die Flaute entflohen oder die Mannen des Odysseus hätten ihn hier damals auf dem Weg nach Ithaka abgesetzt – zum Glück für ihn, denn schliesslich ist bis auf Odysseus keiner der Männer wieder nach Ithaka zurückgekehrt.

Jedoch die Zeit, die unerbittliche Herrscherin der Welt, vergass, ihn hier wieder abzuholen. Als wir das erstemal bei ihm sitzen, bestelle ich Brot und Käse auf griechisch. Offenbar kam ihm mein Ellinika, mein Griechisch, nicht ganz geheuer vor.

Er stößt seine Enkeltochter, die am Nachbartisch über den Schulaufgaben für den Englischunterricht brütet, an, mich noch einmal auf Englisch zu fragen. Doch die Kleine will nicht so recht wie der Großvater will.

Diesmal bestellen wir einen kleinen Ouzo und eine Portion Meze, den berühmten griechischen Vorspeisenteller, wie er in vielen Kafenions zum Ouzo serviert wird. Es ist schwer zu glauben, was man so fernab der großen Hotels und Gaststätten aus einer kleinen Küche für Köstlichkeiten gezaubert bekommt.

Rothia hat ihrem Mann etwas Leckeres gekocht. Beim Abschied lädt mich Paraskevas ein, von seinem Teller zu kosten. Eine noble Geste der

Gastfreundschaft.
Mit einem Adio verabschieden wir uns, bis irgendwann einmal wieder.

Eos - die Göttin der Morgenröte

In Molivos sollte man bei Tagesanbruch einen Spaziergang zum kleinen Hafen machen. Richtet man seinen Blick dann gen Osten, so erlebt man das Wunder, das Schauspiel des erwachenden Tages - die noch kühlen, frischen Farben der Morgenröte.

Im Gegensatz zur nicht personifizierten Abendröte war es für die Griechen morgens eine Göttin, die sich am Osthorizont zu zeigen begann. Eos, die Morgenröte, die Rosen-Fingrige wie sie poetisch genannt wird.

Es ist von ungeheurer, beeindruckender Bildhaftigkeit, mit der Hesiod und Homer, die ältesten Dichter des Abendlandes, die Götter der Griechen beschreiben.

Hesiod, ein Mensch, wagt sich gar an die Entstehungsgeschichte der Götter. Wer würde die Blasphemie wagen, unserem christlichen Gott einen Werdegang zuzuordnen? Die Diskrepanz wird dadurch deutlich, dass die Götter des Olymp, bei all ihrer Macht und Stärke, bei all ihren so menschlichen und allzu menschlichen Eigenschaften, Fehltritten und Liebschaften, eben auch nur Geschöpfe, Geschöpfte sind, die den damaligen Menschen eine bildhafte Identifikation erlaubte.

Hinter allem aber ruhte als ordnende Macht des Schicksals das Unnennbare und Unbegreifliche, das Numinose.

Der scheltende, strafende, zürnende Gott der Hebräer war den lebenslustigen Achaiern, Dorern und Ioniern irgendwie unbegreiflich und unheimlich. Nur menschenähnlichen Göttern trauten sie das nicht vorhersehbare, jeder Logik widersprechende Geschehen zu.

Das Titanenpaar Hyperin und Theia besass drei Kinder: Helios, den Gott der Sonne, Selene, die Göttin, die bei den Römern zu Luna wurde und Eos, die Morgenröte - ein wildes, schönes Weib, das auf einem Wagen der Sonne vorauseilte und auf ihrer Reise über die Länder und Inseln Ausschau nach schönen und kräftigen Männern hielt.

Um am Morgen strahlend über der Landschaft zu erscheinen, bedarf sie der innigen Umarmung, der liebenden Zuwendung, des lustvollen Nachtlagers. Kein Mann kann ihr widerstehen, zu betörend sind ihre rosigen Hände, ihre goldenen Kleider.

Während es meistens weibliche Wesen sind, die von Göttern entführt werden, dreht Eos den Spieß um: Sie raubt die Männer, die ihr Blut in Wallung bringen.

Tithonos, ein Jüngling von vollendeter Schönheit ist es, den sie heissen Herzens begehrt. Ihre Liebe zu ihm ist so grenzenlos, dass sie gar den Göttervater Zeus bittet, ihm ewiges Leben zu geben. Zeus gewährt ihr wissend die Bitte, jedoch sie vergass, in ihrem stürmischen Verlangen, ihm auch die ewige Jugend zu wünschen. So teilt Eos des nachts mit ihm das Lager, bis die Pflicht sie wieder ruft, die Morgenstrahlen an den Osthimmel zu werfen, die Winde in die Welt zu entlassen und den Morgentau über die Natur zu gießen.

Der Ehe entspringt der grosse Held Memnon, der Äthiopier. Er focht auf der Seite der Troier. Beim Zweikampf mit Achilles schauten selbst die Götter im Olymp wie gebannt auf diesen Kampf der Ebenbürtigen. Eos und Thetis, die beiden göttlichen Mütter der Helden von Troja drücken ihren kampfgewandten Söhnen die Daumen. Keiner scheint den Sieg davonzutragen. Da griff Zeus als oberster Weltenrichter ein und senkt die Daumen gegen Memnon. Scheinbar untröstlich färbt Eos mit dem Blut ihres Sohnes den nächsten Morgenhimmel ein und das dunkle Rot ergießt sich wie ein Fanal über die Gestade Kleinasiens.

Eines Morgens erwacht Eos und wirft vor dem Aufbruch noch einen Blick auf den schlafenden Tithonos. Wer beschreibt ihr nicht gelindes Erschrecken, als sie die ersten grauen Haare an seiner Schläfe schimmern sieht und überhaupt, seine Muskeln sind schlaffer geworden, seinen Augen fehlt der bezwingende Glanz und sein Verlangen ist ebenfalls nicht mehr wie dereinst.

Enttäuscht lässt sie ihn im Alter prächtig kleiden sowie Speisen und Getränke zukommen. Mehr war nicht drin, wie man heute sagen würde. Letztendlich vermag sie ihn, den dereinst Geliebten, nicht mehr zu ertragen und sperrt ihn in eine Kammer. Das Schreien und Rufen des alternden Tithonos wird immer dünner und gebrochener, bis nur noch ein Zirpen zu vernehmen ist. Zeus hat schließlich ein Einsehen mit dem Leid des welkenden aber zugleich unsterblichen Tithonos und verwandelt ihn in eine Zikade.

So erinnert noch heute das Zirp-Konzert der Zikaden in den lauen Sommernächten an die Vergänglichkeit einer großen Liebe.

Eos mit der Kraft und der Schönheit des jungen Morgens hat diese Episode längst aus ihrem Herzen verbannt und hält bei ihrem Flug über die erwachende Erde Ausschau nach der männlichen Jugend.

Dem Nachdenklichen wird eine Parallele zum Heute nicht verborgen geblieben sein. Eigentlich sollte Eos zum Kultbild unserer Zeit geworden sein.

Nur das Junge, Schöne, Gutaussehende zählt in unserer Welt. Davon lebt eine ganze Industrie, vom plastischen Chirurgen (volkstümlich auch Liftboy genannt), über das Fitness-Center, die zahnärztlichen Fabrikanten weißer Kronen, das Farbberatungsstudio, bis hin zur Kosmetik- und Duftwasserbranche. Eine Zigarettenfirma begann mit der Glorifizierung der gebräunten, nichtstuenden Jeunesse dorée, den Tag auf und an Luxus-Yachten verbringend, wenn nicht gar totschlagend.

Diese Yuppie-Generation setzte diese Vorstellungen in die Tat um. Und auf den Reklameseiten der Herren-Eau-de-Toilette-Hersteller prunken die eingeölten Muskeln von Jungheroen der Bodybuilding-Maschinerie. Ein Kamera-Hersteller aus Fernost gab einem seiner Produkte den Namen Eos - in einer Branche, in der die Modelle so schnell aufeinanderfolgen wie Eos ihre Nachtgefährten wechselte.

Wo aber bleibt endlich das Denkmal der rosenfingrigen Göttin der Morgenröte?

Dort, Ihr Zeitgeist-Piloten und In-Trendsetter stünde Euer neues Kultbild bis Euch auch das wieder nur ein müdes Gähnen hervorruft und Ihr unermüdllich nach dem nächsten Kick unterwegs seid!

Im Westen der Insel

Von Ost nach West wird die Vegetation der Insel immer karger.

Die Straße windet sich über verschiedene Pässe, bis man im Südwesten der Insel auf das kleine Städtchen Eressos stößt. Die meisten Besucher zieht es hingegen weiter bis hinunter nach Skala Eressou, dem einstigen Hafen der Stadt. Heute ist das Geschehen weitgehend von Touristen bestimmt, am Strand erstrecken sich eine Reihe von Tavernen, Bistros, Kafenions und Andenkenlädchen. Die Sandbucht ist von einiger Länge - für Sonnenanbeter ausreichend Auslauf.

Einige Häuserreihen vom Strand entfernt liegen die Überreste einer frühchristlichen Basilika; man erkennt nur noch das Fundament und einige Bruchstücke ringsherum. Wie bei vielen frühen Bauten interpretierten die Folgegenerationen das alte als wenig erhaltenswert und funktionierten es zum Steinbruch um. Der einstmalige Fußboden ist mit hellem Sand bedeckt. Die roten Blüten des darauf wachsenden Klatschmohns geben ihm ein prächtiges Farbenmuster - schöner als alle Ornamente aus Stein.

Nebenan steht ein kleines Museum mit Ausgrabungsstücken, in das man einen Blick werfen sollte. Der Boden ist aus Marmor, von der Decke hängen zwei Glühlampen an Kabeln - spartanisch würde man heute sagen. Alles unterstreicht noch die Kargheit des Raumes.

Weitaus interessanter ist draussen das kleine graue Kätzchen, das in der warmen Morgensonne anmutig mit den herabhängenden Geranienblüten spielt.

Dimitris, der jugendliche Wächter des Museums, sitzt in einer Laube aus Weinblättern auf einem jener einfachen griechischen Holzstühle an einem Tisch und blinzelt versonnen in die Zeit.

Genauso und nicht anders wird er dereinst im Alter in seinem Kafenion, sollte es diese lobenswerte griechische Institution dann noch geben, dem Treiben der Inselbewohner und der Touristen zuschauen.

Auf dem Hauptplatz am Strand steht eine Kopfbüste auf einem Sockel. Es ist der Philosoph Theophrast, der grosse Sohn der Stadt. Er wird uns später noch begegnen.

An diesem Donnerstagmorgen ist der Ort fast menschenleer - nur wenige Touristen haben den Weg hierher gefunden. Bei einem früheren Besuch waren gerade einige Busse eingefallen und es quirlte regelrecht vor Menschen. In den Tavernen kann man sich heute die Plätze aussuchen und Kostas, der Kellner einer der Tavernen, hat Zeit für einen Plausch. Mit Englisch und ein paar Brocken Deutsch lernen wir einige griechische Vokabeln dazu.

Einfach ist diese Sprache nicht gerade. Die langen Wörter machen uns Deutschen, obwohl unsere Sprache unzählige Wortungetüme in die Welt gesetzt hat und immer noch setzt, einige Mühe.

Und dann die Crux mit der Betonung. Wäre nicht der kleine Akzent auf der Silbe, würde man das Wort mit Sicherheit falsch betonen und bei manchem Griechen überhaupt keine Reaktion hervorrufen. Er versteht es einfach nicht. Das beginnt bereits bei solch einfachen Wörtern wie dem griechischen Wort für Wasser: nero. In aller Unschuld springt einem augenblicklich der römische Kaiser Nero ins Gedächtnis, wie gelernt auf der ersten Silbe betont. Falsch, absolut falsch. Im Griechischen liegt der Schwerpunkt auf der letzten Silbe. Bei längeren Wörtern wird es noch verwirrender.

Auch das schon so oft angeführte Kafenion wird, wie manche glauben, nicht auf der zweiten Silbe betont, sondern auf der zweitletzten.

Tolerante Hellenen verbessern mit einem nachsichtigen Lächeln die gutgemeinten Versuche der Touristen, sich den Feinheiten ihrer Sprache zu nähern.

Drei Geschlechter gibt es im Griechischen genau wie im Deutschen. Das Verrückte daran ist nur, dass im Griechischen vieles eine gänzlich andere Zuordnung hat. Der Kellner heißt "To Garsoni", ist somit sachlichen Geschlechts. Bringen Sie einmal einem deutschen Ober bei, dass er "nur" ein Neutrum sei.

Weiter im Westen liegt der kleine Ort Sigri. Es ist kein geschäftiger Ort und geradezu geschaffen für Menschen, die die Einsamkeit suchen und nicht den Touristenrummel.

Das Schönste ist die Anfahrt nach Sigri. Die kleinen Häuser scharen sich um ein altes Kastell aus genuesisch-türkischer Zeit. Vor dem Hafen liegen zwei Inseln, trocken und felsig. Dahinter liegt die Weite der Ägäis.

Ein kleiner Strand in der Nähe, fast schattenlos und einige kleine Tavernen sind neben dem Kastell (griechisch Kastro) die Attraktionern des

Ortes.

Eine weitere Sehenswürdigkeit im Westen ist der versteinerte Wald. Mit viel Mühe hat man die versteinerten Bäume freigelegt. Beeindruckend ist das Farbenspiel der Bäume, das von gelb über braun, rosa und dunkelrot fast sämtliche Nuancierungen zeigt.

Wenden wir uns nun der grossen Lyrikerin Sappho zu, deren zarte Worte noch heute das Herz der Menschen zu bewegen vermögen, bevor uns der grosse Sohn des Städtchens noch etwas zu sagen hat.

Frauen der Antike – historisch zu kurz gekommen

Nur wenig berichtet uns die Geschichte über das Leben grosser Frauen der Antike. Nur mühsam lässt sich aus den Steintrümmern und Figuren der Vergangenheit Detail um Detail über ihr Leben gewinnen.

Männlicher Chauvinismus und religiöser Wahn taten ihr möglichstes, um den Schein des Vergessens über allem auszubreiten.

Sehen wir einmal vom matriarchalischen Kult der Minoer im antiken Kreta ab, aus dem uns kein Name überliefert wurde.

Die erste Frau, die den Mut und die Kraft besitzt, eine Zäsur in die maskulin beherrschte antike Welt zu setzen, ist die Pharaonin Hatschepsut. Der frühe Tod ihres Königsgemahls, ihre Abstammung von Thotmes I (von den Griechen Thutmosis genannt) und die Jugend ihres Stiefsohnes Thotmes III helfen ihr dabei.

Ihr verdanken wir die Beschreibung der Schiffsreise ins Land Punt, die ersten zarten, anmutigen Reliefs, wie sie an ihrem Tempel in Theben West und in einem Seitenareal des Tempels von Karnak bestaunt und bewundert werden können.

Dass ausgerechnet ihr Tempel der Schauplatz eines blutigen Massakers werden würde, ausgeübt durch religiös-fanatische Männer, wer hätte das je vermutet.

Rund zweihundert Jahre später trat wieder eine Frau, strahlend und schön, in die Scheinwerfer der Geschichte: Nefertiti, auf deutsch Nofretete genannt. Die Büste im Ägyptischen Museum in Berlin-Charlottenburg hat uns ihre zeitlos edlen Züge konserviert.

Man hegt den nicht unberechtigten Verdacht, dass der Bildhauer in sie verliebt gewesen sein muss, nur so ist ein derart vollkommenes Kunstwerk überhaupt verständlich.

Zwar waren ihr die beiden königlichen Gemahlinnen Mutemwija und Teje, jeweils an der Seite ihrer Männer, vorausgegangen. Aber von ihr, Nefertiti, spricht noch heute die Welt.

Sie war offenbar wenige Jahre älter als ihr Mann, der Pharao Echnaton. Die Ägypter waren fasziniert von ihrer Schönheit und nannten sie Nefertiti - die Schöne, die da kommt. Woher genau, das weiss bis heute noch niemand. Es ist auch unwichtig, für Ägyptologen sicherlich nicht!.

In vielen abendlichen Gesprächen mit Echnaton und den engsten Vertrauten wurde die Idee geboren, den hölzernen und steinernen Götterfiguren der machthungrigen Amun-Priester des Karnak-Tempel abzuschwören und an die Stelle der alten Götter einen einzigen Gott, die lichtspendende Sonnenscheibe Aton zu setzen.

Hinter allem scheint sie, Nefertiti, als treibende Kraft zu stehen. Die Liebe und Bewunderung ihres Mannes gaben ihr den Mut, Altes zu überwinden und der Welt etwas Neues zu schenken.

Zugleich verdanken wir ihr einen neuen Kunststil. Den alten, idealisierten, schematisierten Statuen wurde eine Art überzeichnete Natürlichkeit entgegengestellt.

Zum erstenmal in der Geschichte Ägyptens finden wir Bilder, auf denen der Pharao liebevoll mit seiner Frau und seinen Kindern, insgesamt sechs Töchtern, dargestellt ist. Malerische Poesie, in Stein geschnittene Lyrik. Doch das Alte war stärker. Nefertiti und ihr Königsgemahl scheiterten.

Wer immer in Berlin die Zeit aufbringen kann, sollte sich die Büste der Nofretete anschauen. Und dabei bedenken, dass dieses „Bildnis" immerhin fast dreitausendfünfhundert Jahre alt ist.

Einige Jahrhunderte vergingen, bis wiederum eine Frau sich unübersehbar ins Buch der Geschichte eintrug: Sappho aus Eressos auf der Insel Lesbos.

Ein mythisches Märchen

An einem Frühjahrsmorgen im Jahre 596 vor Christi Geburt sass ein junges Mädchen verträumt im Schatten einer Kiefer am Strand von Eressos. Mit einem Tonkrug hatte sie sich Wasser aus dem Meer geholt, den Sand vor sich befeuchtet und malte wie gedankenverloren mit einem abgebrochenen Zweig Figuren in den nassen Sand. War die feuchte Erde mit Zeichnungen zugedeckt, so dass jeder neue Zweigstrich keinen Platz mehr fand, wischte sie, wie jäh aus ihrer Gedankenabwesenheit erwachend, mit der flachen Hand alles wieder glatt.

Wer ein wenig genauer hinschaute, sah getrocknete Tränen in ihren Augen. Heute morgen hatte ihr die Mutter völlig überraschend eröffnet, dass die gemeinsamen Tage in Eressos gezählt seien und die Familie nunmehr nach dem Tode des Vaters nach Mytilene zu Verwandten umziehen wolle. Nur dort sei für die Kinder eine entsprechende Ausbildung möglich. Sappho hatte erst bitterlich geweint. Dann würde sie ja alles verlieren. Ihre Freundinnen, den Garten, der vertraute Anblick auf die Berge und ihr schwarz-weiß-braun geflecktes Kätzchen, das ihr so viel Freude machte.

Die Mutter beruhigte sie, das Kätzchen dürfe sie schon mitnehmen. Die Stadt Mytilene sei doch viel spannender und interessanter, viele grosse Häuser, viel größer als hier in Eressos und zudem könne man im Hafen die fremden Schiffe beobachten, die Handelsware nach Mytilene brachten, um wiederum Früchte, Gemüse und Holz aus Lesbos mitzunehmen.

Die Kleine schüttelte nur trotzig-weinend den Kopf und lief hinaus an ihren Platz am Meer, an dem sie oft und gern allein sass und dem glitzernden, ewig rollenden Spiel der Wellen zuschaute.

Ein Schatten fiel auf ihr Gemälde im Sand. Erschrocken blickte Sappho auf. Vor ihr stand eine wunderschöne Frau, die sie noch nie gesehen hatte.

Ein weisser Umhang, in Falten drapiert, fiel lose von ihrer linken Schulter und wurde von einem goldenen Gürtel zusammengehalten. Ihre zierlichen Füße steckten in goldenen Sandalen.

Das strahlende Gesicht mit den leuchtenden blauen Augen wurde umrahmt von schwarzen Locken. Ein Kranz aus roten und weißen Blumen schmückte ihr Haar.

Vor Schreck und wie geblendet brachte Sappho keinen Ton heraus.

„Nun, erkennst Du mich?" Mit ihrer wohlklingenden Stimme durchbrach das lichte Wesen das eingetretene Schweigen.

Sappho schüttelte wortlos den Kopf. Ihr, deren Mundwerk zu Hause kaum stillstand, hatte es einfach die Sprache verschlagen.

„Ich bin Aphrodite, ihr nennt mich auch die Schaumgeborene".

„Doch, meine Mutter hat diesen Namen oft erwähnt. Und sie wünschte, ich käme ihr gleich."

„Deswegen bin in heute zu dir gekommen, meine liebe Sappho. Die olympischen Götter waren dir bei deiner Geburt sehr wohl gesonnen. Mit Wohlgefallen blicken wir auf dich, denn wir haben Grosses mit dir vor.

Nun ist der Zeitpunkt gekommen, um dich ein wenig in unsere Entschlüsse einzuweihen." „Ich weiss nicht, was ich dir antworten soll." Sappho brachte den Satz nur mühsam heraus, obwohl ihre flinke Zunge unter ihren Altersgenossinnen bekannt war.

„Ich habe dich auserwählt, um hier auf der Erde von all dem zu berichten, zu singen und zu dichten, was ich den Menschen nahebringen möchte. Liebe, Anmut, Harmonie - all das wird dich dein späteres Leben begleiten."

Sappho hatte inzwischen ihren Mut wiedergefunden.

„Werde ich denn auch so schön und licht sein wie du? Ja, ich wünsche mir, schimmernd und strahlend durch die Welt zu gehen wie du!"

Aphrodite lächelte und strich Sappho mit der rechten Hand sanft über das Haar.

„Ich werde mein Auge immer wohlwollend über deinem Schicksal ruhen lassen. Grosses wirst du vollbringen. In fernen Zeiten wird man, wenn man meinen Namen nennt, auch deiner gedenken. Mehr zu sagen ist auch mir nicht gestattet. Nur vergiss eines nicht: Allein die Götter sind unsterblich."

Zu gern hätte Sappho noch Fragen an die Himmlische gestellt, doch so plötzlich wie Aphrodite gekommen war entschwand sie.

Sappho rieb sich die Augen. Hatte sie alles nur geträumt?

Hatte der Schreck über die bevorstehende Abreise ihre Sinne verwirrt? Was war Traum, was Wirklichkeit?

Entschlossen stand sie auf, wischte die Striche im Sand mit dem bloßen

Fuß aus und machte sich auf den Weg nach Hause. Ihre Mutter Kleis kam ihr bereits suchend entgegen. Das lange Fernbleiben ihrer Tochter hatte sie beunruhigt. Sappho war an diesem Abend entgegen ihren sonstigen Gewohnheiten sehr schweigsam.

Sie beschloss, das Erlebte in ihrem Herzen aufzubewahren und niemandem gegenüber auch nur ein Wort darüber zu verlieren.

Sappho von Eressos - Poesie und Lyrik

Keine Statue, keine Büste, kein Bild ist der Nachwelt erhalten geblieben.

Doch jeder, der ihre Strophen gelesen hat, wünscht sich vom Zufall nichts sehnlicher als den Anblick ihres Bild-nisses.

So bleibt dem späten Verehrer nur die Wahl, auf den Flügeln der Phantasie mit der Übersetzung ihrer Worte unter dem Arm in das archaische Hellas zu reisen.

Über ihre Kindheit ist nur sehr wenig bis zu uns gedrungen. Sie wurde ungefähr 602 v. Chr. in Eressos geboren, verlebte ihre ersten Kinderjahre dort und ungefähr im sechsten Lebensjahr verliess ihre Mutter, inzwischen offenbar Witwe, mit den vier Kindern Eressos und zog zu Verwandten in die Nähe von Mytilene, dem Hauptort der Insel.

Die Mutter ließ ihr eine gute Erziehung angedeihen. Sappho besass offenbar eine gute Beobachtungsgabe für die Natur und ihrem hellen Verstand erschloss sich die ländliche Umgebung sehr schnell.

Vermutlich wurde auch sie nach der Pubertät mit einer Reihe anderer Mädchen zusammen von einer Erzieherin in Dichtung, Gesang, Musizieren und Tanz unterwiesen.

Ihr Anmut, ihre Ausstrahlung und ihre Verse liessen sie relativ schnell zu einer Berühmtheit werden.

Mit siebzehn Jahren schrieb sie ihre ersten Verse, so ist ein Fragment aus jener Zeit erhalten.

> Was Eos, die rosenfingrige, leuchtend bewegt hat,
> führst du, Hesperos, abends wieder zurück,
> geleitest Schafe und Ziegen sicher zum Stall
> und das müde Kind heim zur Mutter.

Zu jeder Zeit gab es immer Gruppen und Gruppierungen, die gegen die bestehenden Verhältnisse opponierten. Sappho stiess zu einem derartigen aufsässigen Zirkel, angeführt von Alkaios, berühmt durch seine Spott- und Trinklieder und seine Verse mit sozial-politischem Inhalt.

Als Vertreter des Adels nahm er besonders den Tyrannen Pittakos von

Mytilene ins Visier, den er wegen seiner geringen Herkunft schmähte.

Der frühhellenische Barde fand Gefallen an der hübschen und schlagfertigen Sappho, doch mit dezenten Versen wies sie ihn in seine Schranken.

Pittakos, der sich mit den Jahren zum angesehenen Staatsmann entwickelte und gar zu den sieben Weisen der Antike gezählt wurde, verbannte die jugendliche Unruhestifterin kurzerhand nach Pyrrha ans Ostufer des Golfes von Kalloni.

Drei Jahre in der Verbannung ließen Sappho reifen – aber ihre politische Gesinnung war unter dem Einfluss von Alkaios wohl noch die alte.

Pittakos griff ein zweitesmal zum Mittel der Verbannung. Sappho floh nach Sizilien und verlegte ihren Wohnort später an den Golf von Tarent. Sie heiratete. Ihrem Mann, Kerkylos von Andros, widmete sie liebevolle Zeilen.

> Wem kann ich dich,
> mein Bräutigam vergleichen,
> einem jungen Baum siehst du ähnlich,
> biegsam und schlank

Aus der Ehe geht eine Tochter hervor, die den Namen der Großmutter erhält: Kleis. Sappho drückt ihre Freude über das Kind in Versen aus.

> Mir gehört ein schönes Kind, Kleis, meine Tochter,
> wohlgestaltet, goldschimmernden Blüten gleich,
> nicht ganz Lydien tausch ich für sie ein,
> nicht Mytilene, nicht meine Insel, die Heimat

Diesmal dauerte die Verbannung etwas länger. Doch schließlich durfte sie wieder, offenbar früh Witwe geworden, in ihre Heimatstadt Mytilene zurückkehren.

Ihr Ruhm und ihr Ansehen hatte sich von Unteritalien über ganz Griechenland ausgebreitet.

Wie in Mytilene üblich, scharte sie einen Kreis junger Mädchen um sich, die ihr von den Eltern quasi zur vorehelichen Erziehung anvertraut wurden.

Sie unterrichtete die Mädchen, die aus Kleinasien und Attika zu ihr geschickt wurden, in Gesang, Tanz und Poesie und sie traten zusammen bei Feierlichkeiten auf.

Aphrodite war als unsichtbarer Gast zugegen, wenn Sappho ihren Schülerinnen Ausdrucksfülle und Anmut der Bewegungen, Liebreiz und Zartheit der äußeren Erscheinung und weibliches Selbstbewußtsein vermittelte.

Sie hatte nichts gemein mit jener Vorstellung von einer Erzieherin, so wie sie häufig durch unsere Vorstellung geistert: Streng, hager, asketisch, weltfern, unweiblich mit einem Knoten hinten im glatt gekämmten Haar.

Den Mädchen war sie ältere Schwester und liebevolle Mutter zugleich.

Als Kontrast zu der männlich geprägten Atmosphäre in Griechenland schrieb sie ein paar Zeilen, denen man den Titel „Das Schönste" gab.

Die einen sagen: Eine Truppe von Reitern,
andere wieder: Fußvolk oder eine Flotte von Schiffen
sei auf der dunklen Erde das Schönste – ich aber sage:
Das was ein jeder lieb hat.

In den kühlen Wintern lebten sie wohl miteinander in Mytilene. Die heißen Sommerwochen verbrachten sie gemeinsam ausserhalb der Stadt in einem Landhaus in den bewaldeten Bergen.

Das ständige Beisammensein schuf ein Klima inniger Zusammengehörigkeit und liebevollen Füreinanders.

Sappho scheut sich nicht, ihre Empfindungen in Versen niederzulegen.

Atthis ist eine ihrer Lieblingsschülerinnen. Ihr ist ein Gedicht voller Zärtlichkeit und Bewunderung gewidmet, wie die folgende Strophe zeigt.

Ode an Atthis

Einer allein scheint nur den Göttern vergleichbar
jener Sterbliche ist's, der dir nahe sein darf
selig sitzt er vor dir und lauscht
deiner süssen klangvollen Stimme.

Mir steht das Herz still, hör ich dein Lachen,
Wende ich kurz meinen Blick betroffen zu dir hin
Schnürt die Kehle mir zu und keinen Laut mehr
Bringe ich heraus.

Trocken und stumm bleibt mein Mund. Gelähmt ist die Zunge
Feuer erhitzt mich glühend, durchpulst meine Adern,
rauscht in den Ohren, und verschleiert von Tränen
sind meine Augen.

Heiss und kalt überfallen mich fiebrige Schauer,
ohnmächtig sinke ich hin. Gewiss werde ich bald
bleich und verdorrt wie Sonne versengtes Gras
sterben vor dir.

Doch alles läßt sich ertragen ...

Ebenso ans Herz gewachsen ist ihr ein zweites Mädchen, Anaktoria, mit dem Kosenamen Arignota, die sie ebenfalls in einer Ode rühmt. Aus der grossen Zahl ihrer Strophen und Verse blieb unserer Zeit nur Fragmentarisches übrig, vieles davon wurde später ergänzt - aber wie kann man der Tiefe einer Herzenssprache durch Hinzufügungen gerecht werden!
Ein einziges Gedicht ist uns vollständig erhalten geblieben, die Anrufung der Aphrodite.

Mir liegen sieben Übersetzungen vor - wem darf man den Lorbeer umhängen, die Gedanken und Gefühle der Lyrikerin aus Eressos am treffendsten wiedergegeben zu haben?
Sechs davon sind männliche Interpreten. Ob sie sich wirklich in eine weibliche Seele hineinfinden können?
Um die Spannweite der Übersetzungsmöglichkeiten aufzuzeigen, füge ich eine weibliche und eine männliche Interpretation an.

Anrufung der Aphrodite

Golden im Lichte, thronende Aphrodite.
Listiges Kind des Zeus, ich rufe dich an.
lass mich nicht länger in Not und Verzweiflung
bitten und klagen

Hilf mir und eile herbei, so wie du früher
meinen flehenden Liedern gnädig gelauscht hast.
da kamst du gleich aus des Vaters Haus mit
dem schimmernden Wagen

schirrtest ihn an mit bunten schwirrenden Vögeln
die durch das strahlende Blau, durch die Helle des Äthers
brachten dich über die dunklen Länder der Erde
eilends zu mir.

Und du erschienst, Himmlische, mit einem Lächeln
auf dem unsterblichen Antlitz fragtest du huldvoll
was ich wieder erdulden müsse. warum ich so
flehentlich riefe?

Wen soll Peitho in deine Arme führen?
welches schöne Mädchen verweigert sich dir?
Sappho. gesteh deinen Wunsch. wer wagt es. wer
durfte dich kränken?

Flieht sie heute vor dir. bald wird sie dir folgen.
weist deine Liebe sie ab. sie soll dich beschenken.
wehre sie sich noch so heftig dagegen. morgen
wird sie dich lieben.
So wirst du sprechen. Kypris. wenn du mich findest
um mich von unerträglicherm Schmerz zu befreien.
warte nicht länger. steh mir kämpfend zur Seite
mächtige Göttin.

Und zum Vergleich eine zweite Übersetzung

Bunten Thrones ewige Aphrodite,
Kind des Zeus, das Fallen stellt, ich beschwöre dich,
nicht mit Herzweh, nicht mit Verzweiflung brich mir,
Herrin, die Seele.

Nein, komm hierher, so du auch früher jemals
meinen Ruf vernommen und ganz von ferne
hörtest drauf und ließest des Vaters Haus, das
goldne, und kamst, den

Wagen im Geschirre. Dich zogen schöne
schnelle Spatzen über der schwarzen Erde,
flügelschwirrend, nieder vom Himmel durch die
Mitte des Äthers,

gleich am Ziele. Du aber, Selig-Große,
lächeltest mit ewigem Antlitz und du
fragtest, was ich wieder erlitten, was ich
wiederum riefe,
was ich maßlos wünschte, dass mir geschähe,
rasend in der Seele. „Ja, wen soll Peitho

deinem Liebeswerben verführen, wer, o
Sappho verschmäht dich?

Ist sie heut und flüchtig, wie bald folgt sie,
ist sie Gaben abhold, sie selbst wird geben,
ist sie heute noch lieblos, wie bald schon liebt sie,
auch wenn sie nicht will.
Komm zu mir auch jetzt, aus Beschwernis lös mich,
aus der Wirrnis, was nach Erfüllung ruft in
meiner Seele Sehnen, erfüll. Du selber
hilf mir im Kampfe.

Ein wenig befremdlich für das Wesen der Aphrodite ist die letzte Strophe des Gedichtes in der Übersetzung. Etwas treffender scheint mir Heinrich Leuthold in seiner Übersetzung:

> Komm auch jetzt, befrei mich von bangen Sorgen!
> Was vor Liebe krank, mein verlangend Herz wünscht.
> O gewähr's, Allmächtige, steh du selbst mir
> Rettend zur Seite!

Ein Hauch von Trauer und Wehmut durchzieht dieses Gedicht. Die Dichterin, die den jungen Mädchen in früheren Jahren den Wert des Schmuckes und farbenfroher, prächtiger Kleider nahezubringen trachtete, ändert in reiferen Jahren, ein wenig zum Befremden der ihr anvertrauten Schülerinnen, ihre Einstellung. Sie propagiert die Schönheit der einfachen unverbrämten Kleidung.

Sappho spürt an sich die Spuren der vorbeieilenden Jahre, merkt, wie die Zeit schneller läuft als in den endlos langen Monaten der Jugend. Eine Strophe drückt es ergreifend aus:

> Ich möchte dem Alter entfliehen
> das mich mit Runzeln zeichnet
> mein Haar vermischt sich mit weiß
> einst war es dunkel und veilchenfarben
> blauschwarz geringelt die Locken

Auch ihre Füße, die beim Tanzen immer die behendesten waren, sind schwerer geworden. Was so jenseits ihrer Vorstellung lag, trifft ein. Das Alter fordert auch von ihr, der glühenden Verehrerin der Aphrodite, seinen Tribut. Der Fama nach soll sie sich aus Untröstlichkeit über das Schwinden der Jugend von den Felsen der Insel Leukas gestürzt haben.

 Eine Nachbildung
aus späterer Zeit

Die Dichter von heute

Nicht nur in früheren Zeiten, auch heute noch gibt es Poeten, die von der Insel Lesbos stammen oder über sie geschrieben haben.

Zu Beginn dieses Jahrhunderts gab es eine Gruppe von Literaten auf Lesbos, die sich für eine Neuorientierung der modernen griechischen Sprache einsetzten. Das einfache Volk sprach das Dimothiki, eine urwüchsig-ländliche Sprache und verstand in der Regel die Amtssprache, das komplizierte Katherevousa nicht.

Das bereits erwähnte Werk von Stratis Myrivilis „Die Ma-donna mit dem Fischleib" ist in Dimothiki geschrieben.

Nach dem zweiten Weltkrieg schrieben Dichter und Schriftsteller wie Nikos Katzanzakis in der Volkssprache, die inzwischen die allgemeine Sprache in Griechenland ge-worden ist.

Im Jahr 1979 erhielt der Dichter Odysseas Elytis den Nobelpreis für Literatur.

Das folgende Gedichte handelt zwar nicht von oder auf Lesbos, erscheint mir jedoch wegen seiner Farbigkeit in diesem Buch erwähnenswert.

Das Delphinenmädchen

Bei Hydra dort bei Spetses auf dem offenen Meer
schau, ein Delphinenmädchen schwimmt dort vor mir her

Mein Liebling sag ich ihr, wo ist dein Leibchen denn
gehst du so nackend los, nach deinem Schatz zu sehn?

Ich habe keinen Schatz von ihr entgegnet wird
dreh eine Runde nur, zu sehn was so passiert

Sie taucht in die Wellen, verschwindet und ist fort
taucht wieder auf, kommt näher, schaut frech über Bord

Verzeih mir Herr, ich bück mich, schaue wo sie ist

und einen Kuß gibt sie mir, dieses kleine Biest

Zitronenblüten gleich war ihrer Brüste Duft
all das Blau des Meeres aus ihren Augen ruft

Auf gehts mein Schatz, steig zu, ich zeige dir die Welt
fünfmal durchmaßen wir im Nu das Himmelszelt.

Sappho – die Ahnherrin weiblicher Homoerotik

Wer sich ausgiebig mit der Insel, ihrer Geschichte und ihren großen Persönlichkeiten näher befasst, stösst irgendwann auf diese Frage.

Wie immer bieten sich zwei Möglichkeiten an. Entweder Augen zu und das Thema ausklammern. Das ist sicher die einfachste, eleganteste und konfrontationsungefährdetste Lösung.

Die zweite Möglichkeit bietet die Chance mitten in die heikle Thematik hineinzuspringen und sich im schlimmsten Fall die Finger zu verbrennen.

Man erzählt die Geschichte von einer - das wollen wir erst einmal wertneutral und unvoreingenommen akzeptieren - „Jüngerin" Sapphos, die eine moderne Skulptur der von ihr Verehrten auf Lesbos errichten liess. Dieses Machwerk fand jedoch keine Wertschätzung bei den Inselbewohnern und sie beschmierten das ungeliebte Gebilde immer wieder mit schwarzer Farbe, bis irgendwann die edle Spenderin des Volkes Stimme akzeptierte und die Statue abreissen liess. Mag es die ungeliebte Verknüpfung ihres Inselnamens mit dem Gedanken der weiblichen Homophilie sein, der die Griechen dazu veranlasst hat, ihrer eigenen Insel den Namen der Hauptstadt Mytilene zu geben.

Leider war es mir nie vergönnt gewesen, mit einem Einwohner oder einer Einwohnerin darüber zu diskutieren.

Etymologisch, von der Wortherkunft her, ist der Name lesbisch ein ausgesprochenes Parodoxon, denn der sagenhafte Namensgeber der Insel war ausgerechnet ein Mann. So verbleibt mir nur noch der Rückgriff auf Sappho, um an ihren Namen und ihre Person die Ahnengalerie des Lesbentums zu heften.

Im Grund muss man regelrecht von Sinnen sein, um die Dichterin mit all dem Profanen und Niedrigen, das sich unter der Flagge der weiblichen Homophilie heute oft abspielt, in Verbindung zu bringen.

Es steht fest, dass Sappho nach ihrer Rückkehr von Syrakus um sich herum einen Kreis von Mädchen scharte, die ihr von vornehmen Adligen aus Kleinasien und der Aegaeis anvertraut wurden und die vor der Eheschliessung wieder zurück in ihre heimatlichen Gefilde fuhren.

Dieser Erziehungskreis war aber damals keine Seltenheit auf Lesbos, es gab derer noch einige in Mytilene. Geschichtskundig durch Sapphos

Verse sind die Erzieherinnen Gorgo und Andromeda. Beide wurden von Sappho als Konkurrentinnen betrachtet und von ihr verbal befehdet, denn einige ihrer Schülerinnen wanderten zur Konkurrenz ab.

Für Gesamthellas war diese Institution zur damaligen Zeit geradezu eine Seltenheit, denn eine Ausbildung der Mädchen in diesem gross- und freizügigen Sinn fand offenbar nirgendwo statt. Frauen spielten im gesellschaftlichen Leben keine oder nur eine untergeordnete Rolle, daher maß man ihrer vorehelichen Erziehung keinerlei große Bedeutung zu.

Ganz anders bei den Knaben. In Anlehnung an alte Initiationsriten wurden sie auf ihre spätere Erwachsenenrolle intensiv vorbereitet. Dazu zählte auch die sexuelle Initiation, die durch das eigene Geschlecht erfolgte. Auf dieser Grundlage entwickelte sich langsam in ganz Griechenland die Knabenliebe.

Dem Heranwachsenden wurde mit seiner und der Eltern Zustimmung ein erwachsener Mann als Erzieher und „Liebhaber" ausgewählt, der als Vorbild, Freund und sexueller Partner dem Jugendlichen bis zur Volljährigkeit (meist bis zum achtzehnten Lebensjahr) zur Seite stand. Kann dieses Bild der Männerwelt ohne weiteres auf die weibliche Erziehungssphäre auf Lesbos projiziert werden?

Bestanden zwischen Sappho und ihren Schülerinnen vergleichbare Beziehungen? Fast alle einschlägigen Autoren bzw. die in der entsprechenden Literatur zitierten Autoren weichen einer eindeutigen Stellungnahme aus oder lehnen eine der Knabenliebe entsprechende Liaison schlichtweg ab.

Es gibt jedoch eine Reihe von Anhaltspunkten, die dafür sprechen und die vorab beleuchtet werden sollen, bevor wir uns die Gegenargumente ansehen. Die innigsten und deutlichsten Hinweise auf eine Beziehung, die dem griechisch-männlichem Erziehungswesen entspräche, gibt uns die Dichterin selbst. Die wenigen erhaltenen Verse quellen von poetisch-liebevoll-zärtlichen Zeilen über. Zwei Oden an ihre Lieblingsschülerinnen Atthis (bereits oben angeführt) und Anaktoria sind ein beredtes Beispiel dafür:

Ode an Anaktoria

Einer meint Reiter, ein anderer Soldaten mit Lanzen.
Schiffe seien die stärkste Macht, sagt ein dritter.
Was aber mich allein zu bezwingen vermag
das ist die Liebe

Leicht zu begreifen für jeden ist mein Geständnis.
denn auch Helena, die alle sterblichen Frauen
weit überstrahlte an Schönheit. floh ihren Gatten
ohne zu zögern.

Treulos war sie. und ungehorsam den Eltern.
selbst die Tochter verliess sie, folgte dem Rufe
Paris', des Priamos Sohn. ließ sich verführen
willig und gern.

Heilig allein war ihr Aphroditens Gebot.
wenn auch darüber das prächtige Troja zerfiel.
so bin auch ich. hörig der Kypris und denke
nur an mein Mädchen.

Mehr als die Streitkräfte Lydiens entzückten mich stets
Gang und Gestalt und die Augen Anaktorias.
teurer sind mir Gefühle als Schiffe und Krieger
Fußvolk und Waffen.

Und dann gibt es noch jene kurzen Zeilen, ein Fragment aus einem
umfangreicheren Gedicht, die immer wieder zitiert werden:

Untergegangen ist der Mond
versunken sind die Plejaden
Mitternacht
Die erste Stunde zerrinnt
ich aber liege noch immer allein

Dem frühen Christentum mit seiner prüden, weltfernen Sexualfeindlich-keit und der „In-dubio-contra"-Einstellung genügten derartige Zeilen, um mit fast inquisitorischem Eifer zum Kesseltreiben auf die lyrischen Werke der großen Dichterin anzusetzen. Eine unduldsame Religion, die überall mit ungeheurer Intoleranz und Ignoranz die Worte Jesu gründlichst miss-verstand, rottete damals und später, besonders in Mittel- und Südamerika, unschätzbare Kulturgüter aus, von den unzähligen menschlichen Opfern, die angeblich im Namen des Herrn ihr Leben liessen, gar nicht zu reden..

Sind diese und weitere Gedichte Sapphos ein Hinweis, ein Anhaltspunkt oder gar ein Beweis für die Unterstellung. Wohl kaum!

Vergessen wir eines nicht. Ihre Worte sind vor rund zweieinhalb Jahr-tausenden komponiert. Es war eine andere Zeit. Die leuchtende, klare Ära des Loges bricht gerade an. Noch ist der Mensch sehr stark der rechten Hirnhemisphäre, der emotionalen Seite, verhaftet. Sappho scheut sich nicht, ihre intimsten und innigsten Gedanken offenzulegen - ihre Zeitge-nossen und noch mehr ihre Zeitgenossinnen empfinden ihre Worte nicht als Zeugnis eigenen So-Seins, sondern tolerieren es als Freiheit des Dich-ters oder der Dichterin.

Wer von uns würde heute auf die abwegige Idee kommen, Männern, beispielsweise Politikern, die sich in der Öffent-lichkeit umarmen oder gar küssen, homophile Tendenzen zuzusprechen? Wohl niemand.

Ein weiteres wichtiges Argument spricht gegen die These weiblich-ho-moerotischer Beziehung. Die damals übliche Knabenliebe war ein Zweier-Verhältnis. Stellen Sie sich, liebe(r) Leser(in), einmal vor: Hone-cker und Breschnew beim Bruderkuss. Und doch könnte ein unvoreinge-nommener, der Zusammenhänge unkundiger Betrachter das isolierte Bild der beiden Ostblockfürsten auf solche Art interpretieren.

Die antike Dichterin hingegen könnte mit ihren zarten Strophen, in ge-meinsamer Runde zitiert, eine Art Gegengewicht zur aufkommenden Ratio gesucht haben.

Die ihr anvertrauten Mädchen wurden angeregt, ihre Gefühle und Re-gungen mutig den anderen anzuvertrauen. Die zärtliche Aussprache erhöht das Selbstwertgefühl der jungen Damen, vielleicht auch später in der Ehe in der damals männerzentrierten Gesellschaft.

Sappho hingegen hatte einen Kreis von Mädchen um sich geschart. Es ist unwahrscheinlich, dass die anderen Schülerinnen die einseitige und dazu noch erotische Bevorzugung einer einzelnen auf längere Zeit akzeptiert hätten. Die Eltern der Mädchen schon gar nicht - zu sehr wäre dadurch das Vertrauensverhältnis in die Erzieherinnen-Rolle Sapphos brüchig geworden.

Sollten gar männliche Zeitgenossen, aus Missgunst über die Gleichstellung der heranwachsenden jungen Damen oder über die Fähigkeit Sapphos, einen Kreis mit Eigenleben um sich zu scharen - ein Privileg, das man nur dem männlichen Geschlecht zubilligte - diese Kunde in die (antike) Welt gesetzt haben? Die Griechen legten damals bereits ein ähnliches Gebaren an den Tag wie die Briten in ihren Clubs, das in solchen Schildern wie „women and dogs not allowed" eskaliert.

Sollte gar Alkaios, der von Sappho verschmähte Bänkelsänger in der Verbannung danach getrachtet haben, die ehemals Umworbene mit Spottliedern zu diskreditieren?

Diese Thesen sind reine Vermutungen und bislang nicht zu belegen. Die moralisch-sittliche Einstellung der Dichterin spiegelt sich im Verhältnis zu einem ihrer drei Brüder mit Namen Charaxos wider. Dieser, ein rechtes Rauhbein, segelte oft nach Ägypten und handelte mit Wein. Dort lernte er die Kurtisane Dorichos kennen, verliebte sich in sie und heiratete sie sogar.

Sappho verleiht ihrer Empörung über die Liaison in einem Gedicht lautstark Ausdruck, das sie zur Rückkehr ihres Bruders aus Ägypten verfasste und ihm darin verzeiht. Die Zeilen über Dorichos sprechen für sich.

Ihr Nymphen, und ihr, Töchter des Nereus
geleitet den Bruder sicher nach Lesbos zurück
gebt ihm, was er in seinem Herzen verlangt
was er falsches getan, gesühnt sei die Schande.
Seiner Schwester bringe er wieder die Ehre
gelöscht sei alles, vergessen, was er mir antat.

Du, Aphrodite, himmlische Göttin.

schenke dem Bruder eine ruhige Fahrt.
steh ihm bei in seinem Elend.
trag es ihm nicht nach. dass er gefehlt hat.
bewahre ihn vor Stürmen ...

Aber jene gemeine Hündin, sie soll sich fortschleichen
um anderswo zu jagen ...

... die hältst du für schön, die jedem gehört hat ...
Kypris und mich. fandst du zutiefst erbittert...
nicht mehr mag Doricha mit Reden prahlen.
das er ein zweites Mal zurückfand ...

Diese Betrachtungen über Sapphos Leben haben nichts mit einer Verurteilung homophiler Neigungen zu tun. Dazu fehlt mir und den meisten anderen die kritische Kompetenz.

Die beiden letzten Sätze bedürfen zweier gedanklicher Ergänzungen. Die erste ist rein sprachlich-klanghafter Natur und gilt nur für die deutsche Sprache. Für den männlichen und weiblichen Bereich der Homophilie gibt es im Deutschen zwei wahre Sprachungeheuer: Schwule und Lesben. Denjenigen, die diese Wörter auch auf sich beziehen, ist offenbar überhaupt nicht klar, inwieweit man derart verunstalteten Klangmonstern ebensolche mißratene Inhalte, schon rein unterbewußt, zuordnet.

Es mag vielleicht banal klingen, aber die sprachliche Nähe von schwul und schwül ist einfach zu eklatant.

Aus dem mythischen Lesbos (im Neugriechischen spricht man es Leswos aus) wurde die sprachverstümmelte Lesbe. Klanglich liegt das Wort Wespe bedrohlich nahe und Wespen sind für die meisten Menschen alles andere als liebenswerte und nützliche Tiere.

Blickt man auf manche Vertreter beider Spezies mit ihrem nach aussen gerichteten Drang, die eigene Andersartigkeit partout und schrill zu demonstrieren, so weit gehend, dass es nachgerade peinlich wirkt, so kann man nur sagen, die beiden vorher erwähnten kakophonen Wörter passen offenbar nahtlos zum so manchen Inhaltsträger.

Der zweite Gedankengang steht in Verbindung zur Wertung. Können wir homophile Neigungen als abartig einstufen, wie man es hier und dort aufblitzen sieht? Mit Sicherheit nicht. Hätte die Evolution diese Spielart nicht in ihrem unerschöpflichen Fundus enthalten gehabt, so gäbe es sie nicht.

Die Evolution ist wie eine Mutter, die aufmerksam das Spiel ihrer ungeheuer vielfältigen Kinder beobachtet und bei Bedarf und Notwendigkeit einen Sprössling am Kragen packt, um ihn vom gefährlichen Spiel zurückzuholen. Nicht immer gelingt es der fürsorglichen Mutter und manchmal trennt sie sich gar von ihren Zöglingen, wenn Sinn und Inhalt nicht mehr stimmig sind.

Die Spielregeln der Evolution decken sich nicht mit den Wertvorstellungen menschlicher Betrachtung, da in den letzteren immer subjektivistisch eingefärbte, wenn nicht gar egoistische Motive eingeflochten sind. Wege der Ent-wicklung sind daher wertfrei - ließe die Evolution derartige Abweichungen nicht zu und wären sie im Schöpfungsplan nicht enthalten, so wären sie nicht existent.

Das gilt auch für die weibliche und männliche Homophilie. Die Natur behält sich allerdings die Möglichkeit des Scheiterns vor, wenn sich diese Wege allzu sehr von ihrem „Konzept" (um es einmal im Grunde hilflos-menschlich zu umschreiben) fortentwickeln.

Man stelle sich einmal vor, die ganze Welt wäre schwul oder lesbisch? Eine verstiegene Vorstellung, gewiss!

Dann wäre im Grunde ein Konzept der Evolution gescheitert, ein Probelauf als nicht geeignet abgetan. Obwohl wir es uns in unserer antropozentrisch zugeschnittenen Denkweise nicht ausmalen können, denn die überhöhten Attribute wie „Krone der Schöpfung" haben wir uns selbst zugeschrieben.

Das Universum ist für den Menschen mit seiner kurzen Lebensspanne tausendmal unfassbarer als die Lebenszeit eines Elefanten für eine Eintagsfliege.

Vielleicht hätte die Schöpfung, wenn wir sie einmal personifizieren wollen, Freude daran, einen erneuten Versuch zu wagen. Zeit spielt dabei keine Rolle.

Welche Methoden dabei ins Spiel kommen, ist - zum Glück - für den Menschen nicht absehbar. Ob per Überhitzung der Atmosphäre, durch

Sintfluten oder gar durch den Einschlag eines Kometen, wie es Mitte Juli 1994 auf dem grossen Nachbarplaneten Jupiter geschah, und das Leben auf unserer relativ kleinen Welt restlos auslöschen würde, steht dahin oder in den Sternen.

Ist Sappho nun die Ahnherrin oder, um das männlich eingefärbte Wort Herrin zu vermeiden, die Ahnmutter der weiblich-homophilen Variante? Wie weiter oben beschrieben, ist eine Wertung als solche für eine von der Evolution offenbar vorgesehene Verhaltensform nicht zulässig.

Worüber man aber streiten kann, sind unzulässige Okkupierungen anderer Personen oder gar geografischer Namen, deren Bewohner keinerlei Möglichkeiten der Gegenwehr haben oder mehr haben.

Nehmen wir daher Sappho als erste grosse Lyrikerin der Weltgeschichte, die es vermochte, ihre Gedanken und Gefühle in eine Form zu übertragen, die uns in ihrer Innigkeit und Tiefe noch heute rühren, obwohl sämtliche Übersetzungen stets die Möglichkeit der Verfälschung enthalten.

Sämtliche weiteren Vereinnahmungen und Fehlinterpretationen sollte man tunlichst von ihr fernhalten.

Vielleicht gelänge es damit auf lange Sicht auch, Lesbos wieder als das zu sehen, was es ist:
Eine herrliche, grüne, liebenswerte Insel, die zusammen mit den Gestaden Kleinasiens und den übrigen Inseln der Aegaeis jenen Zauber der Farben hervorbringt, der uns veranlasst hat, sie als die Küsten des Lichts zu bezeichnen.

Theophrastos von Eressos - das Universalgenie

Es scheint, als wäre das Klima, die Lage und das Flair von Lesbos dazu angetan, Menschen hervorzubringen, die Akzente gesetzt haben. Eine Betrachtung der Insel ohne einem ihrer grossen Söhne einige Zeilen zu widmen, bliebe mit Fug und Recht ein Torso. Aus eben jener Landschaft im Südwesten der Insel, der Sappho entstammt, kommt der berühmte Philosoph Theophrastos, dessen weisse Marmorbüste den kleinen Platz am Strand von Skala Eressou ziert.

Sein Geburtsname - so sagt man - sei Tyrtamos gewesen. Den späteren Namen erhielt er von Aristoteles wegen seiner göttlichen Redegabe.

Theophrast, in der Zeit um 372 - 370 geboren, wurde Schüler von Aristoteles und begleitete ihn an den Hof des Philipp von Makedonien, als Aristoteles zum Lehrer und Erzieher Alexanders berufen wurde. Nach dem Tod Alexanders floh Aristoteles nach Euboia. Theophrast folgte ihm und übernahm nach dem Tode seines Lehrmeisters dessen Schule.

In der damaligen, bereits auseinanderdriftenden, aber noch überschaubaren Welt der naturwissenschaftlichen und philosophischen und künstlerischen Disziplinen ist die Bezeichnung Universalgenie für Theophrastos durchaus am Platz. Aus der Unzahl der Schriften, die er bis zu seinem 85. Lebensjahr verfasste, und von denen leider viele verloren gingen, haben es mir zwei besonders angetan. Die erste trägt den Titel „Über die Gerüche" (latinisiert: de Odoribus). Ihm und zuvor bereits Aristoteles war aufgefallen, wie wenig differenziert der Mensch Gerüche und auch Geschmäcke wiedergeben kann. Somit sind die Klassifizierungsmöglichkeiten ungleich geringer als beispielsweise bei allem, das über die Sinnesorgane Auge und Ohr „eingespielt" wird. Die Angaben über Blüten, über die verschiedenen Öle und Weine sind für jeden Autor, der sich mit der Aromatherapie befasst, lesenswert. Das zweite Werk ist ein wahrer, noch heute lesenswerter literarisch-psychologischer Leckerbissen und trägt den bescheidenen Titel „Charaktere", Theophrastos hat dreissig verschiedene menschliche negativ besetzte Typen einer Betrachtung unterzogen, die uns noch heute häufig ein Lächeln oder ein Lachen ins Gesicht zaubern.

Vom Unaufrichtigen über den Kleinlichen, bis zum Selbstgefälligen, vom Nörgler bis zum Geizigen geben sich die menschlichen Naturen ein buntes Stelldichein.

So beschreibt er einen Prahler: „Einen Weggefährten vermag er zum Narren zu halten, indem er erzählt, er sei mit Alexander ins Feld gezogen."

Der Widerliche bezieht kräftige Schelte: „Beim Essen schneuzt er sich mit den Fingern, beim Opfern kratzt er sich, beim Reden sprudelt es ihm aus dem Mund, beim Trinken stösst es ihm auf."

Die Widerlichkeit ist eine Verwahrlosung des Körpers, die Unbehagen hervorruft. Der Widerliche behauptet, solche Krankheiten wie Aussatz, Hautflechten und lange Fingernägel seien ihm angeboren, der Vater, Großvater etc hätten das schon gehabt. Und daher sei es nicht leicht, seiner Familie einen anderen unterzuschieben – auch ein Vorteil.

Der Eitle ist ein Mensch, der zum Mahle eingeladen, bestrebt ist, immer neben dem Gastgeber zu sitzen.

.Der Misstrauische trägt selbst sein Geld und alle paar Hundert Meter setzt er sich hin und zählt, ob noch alles vorhanden ist.

Mit dem Flegel scheint Theophrast besonders intensive Auseinandersetzungen gehabt zu haben, denn er schreibt: „Im Theater klatscht er, wenn die anderen aufhören, und pfeift die Darsteller aus, die die anderen gern sehen und wenn das Theater still ist, richtet er sich auf und rülpst, damit sich die Zuschauer nach ihm umdrehen." Und zuvor wird er über den Flegel noch deutlicher: „Der Flegel ist einer, der auf offener Straße vor anständigen Frauen seinen Mantel hochhebt und ihnen seine Blöße zeigt"

Weitere Figuren in seinem Charakter-Kabinett sind der Knausrige, der Prahler, der Überhebliche, der Feigling, der Spätgebildete oder der Verleumder.

Bei der Lektüre wird Ihnen, verehrte(r) Leser(in) vielleicht der eine oder andere Bekannte oder Verwandte bildhaft im Gedächtnis auftauchen.

Oder Sie betreiben einfach einmal in einem Restaurant, im Cafe oder im Theater heimlich eine visuelle Charakter-Studie.

Abschied

Abschied von einem geschätzten Ort hat immer etwas Traurig-Melancholisches an sich.

Waren es bei den anderen Reisen Schiffsweiterfahrten nach Chios, so geht es heute zurück nach Deutschland.

Doch an diesem Morgen im Juni hilft das Wetter dabei, keine Wehmut aufkommen zu lassen. Der gestern noch strahlend blaue Himmel ist grau bezogen und hat seine Schleusen in Fülle geöffnet. Die wenigen Fußgänger verbergen ihre Gesichter hinter tief heruntergezogenen Schirmen oder spurten vom Regenschatten unter Bäumen in schützende Hauseingänge.

Der Busfahrer, der uns zum Flughafen bringen soll, hat verschlafen. Er taucht verspätet und unrasiert aber noch gerade rechtzeitig auf. Das schlechte Wetter scheint ihm nichts auszumachen, denn er sprüht regelrecht vor guter Morgenlaune, obwohl er ständig mit dem Tuch die beschlagenden Frontscheiben putzen muß.

Die Abreise mit dem Flugzeug ist eine höchst unromantische Abfahrt. Wer die Inseln der Ägäis liebt, sollte die regelmäßig verkehrenden Schiffe nehmen. Das Abschiednehmen ist dann ein längerer Prozess, den man mit allen Sinnen geniessen kann. Zurück bleibt die immer kleiner werdende Insel, die gerade im Mittelpunkt der Reise stand.

Am Horizont taucht, schemenhaft erst nur, dann immer klarer werdend, ein neues Wunder des ägäischen Meeres auf.

Litaratur-Hinweise

Bamm, Peter, An den Küsten des Lichts, Kösel, 1961

Eigler, U. u.Wöhrle, G.: Theophrast De odoribus, B.G.
  Teubner, Stuttgart, 1993

Elytis, Odysseas, Lieder der Liebe, Bibliothek Suhrkamp

Fernau, Joachim, Sappho – Ein griechischer Sommernachtstraum,
  Herbig, 1986

Giebel, Marion   Sappho, rororo-Bildmonografien, 1991

Grillparzer, Franz   Sappho, Reclam

Hesiod Sämtliche Gedichte, Artemis, 1984

Kerenyi, Karl, Die Mythen der Griechen, Bd 1 u. 2, dtv

Sappho Strophen und Verse, Hrsg. Von Joachim Schickel,
  Insel TB, 1978

Theophrast, Charaktere, Reclam

Volkmer, D.;Mars im Spiegel, Mythologisch-bissliche
  Betrachtungen, Books on Demand, 2009

Volkmer, D.; Helena - Die Geschichte einer schönen Frau; Books
  on Demand, 2020

Volkmer, D.; Helena und Paris, Eine dramatische Liebesgeschichte;
  Books on Demand, 2018

Volkmer, D.; Hatschepsut - Tagebuch einer Pharaonin;
  Books on Demand, 2019

Volkmer, D.; Tagebücher vom Nil, Echnaton, Nofretete, Teje; Books on
  Demand, 2010

Weitere Literatur des Autors

Helena und Paris
Eine dramatische Liebesgeschichte

Books on Demand

Näheres unter
www.literatur.drvolkmer.de

Die Odyssee
Eine psychologische Reise nach Ithaka

Books on Demand

Näheres unter
www.literatur.drvolkmer.de

Tagebücher vom Nil
Echnaton, Nofretete, Teje

Books on Demand

Näheres unter
www.literatur.drvolkmer.de

Viertausend Kilometer Einsamkeit
Rapa Nui Osterinsel

Books on Demand

Näheres unter
www.literatur.drvolkmer.de

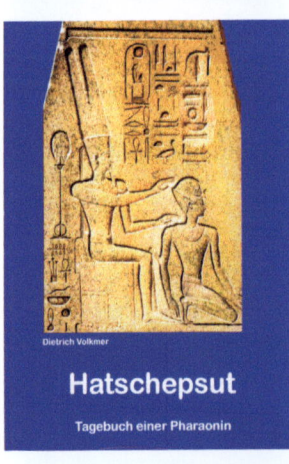

Hatschepsut
Tagebuch einer Pharaonin

Books on Demand

Näheres unter
www.literatur.drvolkmer.de

Frankfurt und die Götter des Olymp
Ein fiktiver Besuch aus der Antike

Books on Demand

Näheres unter
www.literatur.drvolkmer.de

Helena
Die Geschichte einer schönen Frau

Books on Demand

Näheres unter
www.literatur.drvolkmer.de

Alexander und Aristoteles
Eine späte (fiktive) Begegnung

Books on Demand

Näheres unter
www.literatur.drvolkmer.de

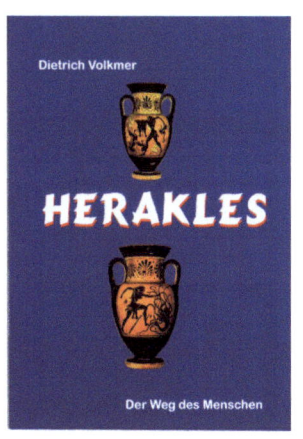

Herakles
Der Weg des Menschen

Books on Demand

Näheres unter
www.literatur.drvolkmer.de